BEI GRIN MACHT SICH IHR WISSEN BEZAHLT

Michael Binninger

(Noch unentdeckte) Kommunikationstrends der Zukunft

Innovationsfelder der Unternehmenskommunikation

GRIN Verlag

Bibliografische Information der Deutschen Nationalbibliothek:

Die Deutsche Bibliothek verzeichnet diese Publikation in der Deutschen National-
bibliografie; detaillierte bibliografische Daten sind im Internet über http://dnb.d-
nb.de/ abrufbar.

Impressum:

Copyright © 2012 GRIN Verlag GmbH
Druck und Bindung: Books on Demand GmbH, Norderstedt Germany
ISBN: 978-3-656-44143-4

Dieses Buch bei GRIN:

http://www.grin.com/de/e-book/215319/noch-unentdeckte-kommunikationstrends-
der-zukunft

GRIN - Your knowledge has value

Der GRIN Verlag publiziert seit 1998 wissenschaftliche Arbeiten von Studenten, Hochschullehrern und anderen Akademikern als eBook und gedrucktes Buch. Die Verlagswebsite www.grin.com ist die ideale Plattform zur Veröffentlichung von Hausarbeiten, Abschlussarbeiten, wissenschaftlichen Aufsätzen, Dissertationen und Fachbüchern.

Besuchen Sie uns im Internet:

http://www.grin.com/

http://www.facebook.com/grincom

http://www.twitter.com/grin_com

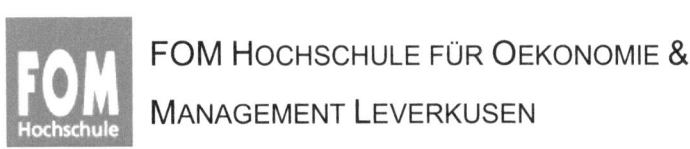

FOM HOCHSCHULE FÜR OEKONOMIE & MANAGEMENT LEVERKUSEN

- BERUFSBEGLEITENDER STUDIENGANG BUSINESS ADMINISTRATION -

SEMINARARBEIT IM MODUL
CORPORATE COMMUNICATION

TITEL:
(NOCH UNENTDECKTE) KOMMUNIKATIONS-TRENDS
DER ZUKUNFT: INNOVATIONSFELDER DER
UNTERNEHMENSKOMMUNIKATION

ABGABETERMIN:	28.08.2012
AUTOR:	MICHAEL BINNINGER
FACHSEMESTER:	6

I

Inhaltsverzeichnis

Abkürzungsverzeichnis

a.a.O.	am angegebenen Ort
B2C	Business-to-Consumer (engl.)
B2P	Business-to-Person (engl.)
et al.	et alii (latein: und andere)
f.	folgende
ff.	fortfolgende
GPS	Global Positioning System (engl.)
Hrsg.	Herausgeber
i.R.	in der Regel
Jg.	Jahrgang
LTE	Long Term Evolution (engl.)
o.S.	ohne Seitenzahl
o.V.	ohne Verfasser
S.	Seite
sog.	sogenannte
UMTS	Universal Mobile Telecommunications System (engl.)
USP	Unique Selling Position (engl.)
Vgl.	Vergleiche

Abbildungsverzeichnis

1. Einleitung

Der Bereich der Unternehmenskommunikation ist gleichermaßen so vielschichtig wie notwendig für ein Unternehmen. Gegenwärtig kann ein Produkt kaum noch vertrieben werden, ohne dass der entsprechenden Zielgruppe das damit verbundene Image verkauft wird. Um sich aus der Masse der Konkurrenz abzuheben, verfolgen viele Unternehmen daher die Strategie, sich als besonders erfolgreich, kreativ und innovativ zu präsentieren. Die Basis dafür bieten eine Vielzahl an unterschiedlichen Medien, die im Zeitalter des Web 2.0 eine schier unendliche Anzahl von potentiellen Kunden anzusprechen vermögen. Betrachtet man das Beispiel Apple, wird klar, dass diese technischen Möglichkeiten für ein Unternehmen arbeiten können. Der Konzern des weltbekannten iPhones erweist sich als Paradebeispiel für das unwirkliche Verhältnis von Image und Produkt. Rein technisch sind die Produkte von Apple zwar qualitativ hochwertig, unterscheiden sich jedoch nicht grundlegend von der Konkurrenz. Allerdings hat sich eine riesige Fangemeinde um das Kultobjekt gebildet. Großartig werben muss Apple für seine Produkte nicht mehr. Das Unternehmen lässt vielmehr durch seine Brand Community werben. Neue Features und Weiterentwicklungen sind lange vor dem Verkaufsstart in Foren und sozialen Medien bekannt und heizen die Diskussionen und Spekulationen weiter an.[1] Wie diese Art der Unternehmenskommunikation funktioniert und welche Möglichkeiten zukünftige Entwicklungen mit sich bringen, ist Gegenstand dieser Seminararbeit.

Im Anschluss an diese Einleitung in Kapitel eins erfolgt in Kapitel zwei eine detaillierte Analyse der angewandten Terminologie. Die Begriffe Unternehmenskommunikation, Innovation und Kommunikationstrends werden hierbei bestimmt. Kapitel drei untersucht inhaltlich den Bereich der Unternehmenskommunikation und erläutert sowohl dessen Entwicklung, als auch dessen Kerninhalte. Die technischen Möglichkeiten, die der Unternehmenskommunikation zu Grunde liegen, werden im Anschluss in Kapitel vier dargestellt. Diesbezüglich liegen die Schwerpunkte dieser Analyse im Bereich des Internets und dessen untergeordneter Kommunikationstrends. Kapitel fünf umfasst einen Ausblick auf mögliche Trendszenarien und zeigt zudem bereits umgesetzte Innovationsfelder. Den Schluss bildet Kapitel sechs mit einem Fazit, in dem die möglichen Entwicklungen kritisch bilanziert werden.

---

[1] Vgl. Maisch, B. / Meckel, M. (2009): Innovationskommunikation 2.0 – Das Beispiel Apple iPhone, in: Marketing Review St. Gallen, Jg. 24, 02/2009, S.42f.

2. Begriffsbestimmungen

2.1 Unternehmenskommunikation

Bevor auf die Bedeutung der Unternehmenskommunikation eingegangen wird, muss die Funktion der Kommunikation im marketingspezifischen Kontext erläutert werden. Die marketingorientierte Kommunikation dient dazu, Informationen und Bedeutungsinhalte, mit dem Ziel der Steuerung von Meinungen, Einstellungen, Erwartungen und Verhaltensweisen von Adressaten nutzbringend zu beeinflussen. Unternehmenskommunikation, auch Corporate Communication genannt, umfasst dabei jegliche Kommunikationsinstrumente und –maßnahmen eines Unternehmens. Den relevanten internen und externen Zielgruppen soll damit das Unternehmen, seine Produkte und Leistungen vorgestellt werden. Gleichermaßen tritt das Unternehmen mit den Empfängern in Interaktion, die aus Kunden und Mitarbeitenden bestehen. Die Kommunikationsbotschaft wird dabei über Kommunikationsmittel übertragen. Kommunikationsmittel sind die reale und wahrnehmbare Form der Kommunikationsbotschaft, wie beispielsweise TV-Spots oder Werbeplakate. Im Rahmen der Übermittlung dienen Kommunikationsträger als Medium, durch welches Kommunikationsbotschaften dem Adressaten übermittelt werden. Beispiele hierfür können Zeitschriften, Hörfunk, Internet oder ähnliche Medien sein.[2] Diese zumeist technischen Möglichkeiten werden in Kapitel vier näher dargelegt. Im Folgenden wird der Begriff der Unternehmenskommunikation verwendet.

2.2 Innovation

Der Begriff der Innovation leitet sich vom lateinischen ‚Novum' ab und bedeutet übersetzt so viel wie Erneuerung. In den verschieden Wissenschaftsbereichen gibt es eine differenzierte Betrachtung. Interdisziplinar versteht sich Innovation jedoch als die Entwicklung, Einführung und Anwendung von neuen Ideen, Prozessen, Produkten oder auch Vorgehensweisen. Eine Steigerung der Effizienz und im weiteren Sinne des Profites sind die Ziele der Innovation. Für ein Unternehmen beinhaltet Innovation eine Veränderung von Produkten, Dienstleistungen und Prozessen. Zugleich ist eine völlige Neuentwicklung eines Produktes ebenso möglich.[3]

---

[2] Vgl. Bruhn, M. (2011): Unternehmens- und Marketingkommunikation – Handbuch für ein integriertes Kommunikationsmanagement, Vahlen Verlag, München, S. 3
[3] Vgl. Raabe, J. (2012): Erfolgsfaktoren für Innovation in Unternehmen – Eine explorative und empirische Analyse, Gabler Verlag, Wiesbaden, S. 11

2.3 Kommunikationstrends

Ein Trend ist, vereinfacht ausgedrückt, ein Wandlungsprozess oder eine Veränderungs-
bewegung. Unter der Betrachtung ihrer Durchdringung und ihres zeitlichen Verlaufs,
lassen sich Trends kategorisieren. So gibt es nach Horx, absteigend nach ihrer zeitlichen
Dynamik, Meta-, Mega-, Sozikulturelle-, Technologie-, Konsumenten- und Modetrends.
Metatrends bilden die Basis und stellen einen großräumigen und universellen Trendty-
pen dar, wie etwa der Trend zur Komplexität. Megatrends sind über Jahrzehnte andau-
ernde Veränderungsprozesse. Beispielhaft lässt sich der Trend zur Individualisierung als
Megatrend nennen, in dessen Rahmen das Marketing gezielt auf die individuellen Wünsche des Kunden eingeht. Soziokulturelle Trends zeichnen sich dadurch aus, dass sie
zeitlich enger gefasst sind. Sie spiegeln das momentane Lebensgefühl der Gesellschaft
wieder und können sich wiederholen. Technologietrends sind demgegenüber kurzlebig
und beeinflussen vor allem Unternehmen im Informations- und Kommunikationsbe-
reich. Konsumenten- und Modetrends sind gleichermaßen kurzfristige Veränderungen,
die auf den Wertewandel und modische Vorstellungen zurückzuführen sind. Gerade
Mode- oder Automobildesign gehören zu dieser Art von Trends.[4]

3. Unternehmenskommunikation

3.1 Entwicklung der Unternehmenskommunikation

Unternehmenskommunikation hat sich über die letzten Jahrzehnte stetig weiterentwickelt. Um 1950 standen die Produkte und deren neuen technischen Errungenschaften im
Fokus des Kommunikationsmanagements. Ende der 70er veränderte sich deren Zielset-
zung entscheidend, so dass der Kunde anstatt des Produktes die Kommunikationstrends
maßgeblich beeinflusste. Mit aufwendigen Kampagnen und einschlägigen Werbeslo-
gans wurden im Rahmen der USP die Einzigartigkeit der Produkte gegenüber der Konkurrenz beschrieben. Damit wird versucht, die Akzeptanz der Unternehmen in der Gesellschaft zu erreichen. Dieser Trend findet schließlich Anfang der 90er Jahre mit der
sog. integrierten Kommunikation seinen Höhepunkt.[5]

---

[4] Vgl. Leutgeb, C. (2010): Analyse der Chancen und Herausforderungen für Unternehmen des Dienstleistungssektors am Beispiel des Megatrends Alterung, Grin Verlag, Norderstedt, S. 12
[5] Vgl. Ries, C. (2010): Public Relations und Mitarbeiterkommunikation von Wachstumsunternehmen –
Untersuchung der Kommunikationskonzepte stark wachsender Unternehmen im deutschsprachigem
Raum, Diplomica Verlag, Hamburg, S. 31

3.2 Unternehmenskommunikation heute

Die integrierte Unternehmenskommunikation ist heutzutage geprägt durch die Einbettung der Unternehmen in die Gesellschaft. Soziökonomische und politische Tätigkeiten der Firmen stehen im Einklang mit den kulturellen Vorstellungen der Verbraucher, so dass die unternehmerische Kommunikation konform zu dem gegenwärtigen Werteverständnis ist. Dabei zeichnet sich die integrierte Kommunikation durch eine einheitliche und widerspruchsfreie Kommunikation aus, in derer verschiedenste Elemente aufeinander abgestimmt sind. Die Koordination der Kommunikationsformen, -träger und -prozesse ist dafür eine notwendige Grundvoraussetzung. In den letzten paar Jahren haben sich zusätzlich internationale und insbesondere interaktive Kommunikation weltweit etabliert und werden durch die Vielzahl von neuen Medien unterstützt.[6]

3.3 Kerninhalte der Unternehmenskommunikation

Unternehmenskommunikation ist neben dem Kommunikationsverhalten (Behavior) und dem Unternehmenserscheinungsbild (Design) eines der Kernelemente der Unternehmensidentität (Identity). Die Identität eines Unternehmens ist wandelbar und folgt immer einem Soll-Image. Dem untergeordnet stellt das Erscheinungsbild dabei die visuelle Form des Unternehmens dar, während das einheitliche Unternehmensleitbild das schlüssige Handeln umfasst und ein harmonisches Unternehmensverhalten impliziert. Die integrierte Unternehmenskommunikation gibt dieses Selbstbild des Unternehmens im Rahmen seiner Kommunikationsinstrumente nach außen und innen wieder.[7]
Dabei ist die integrierte Unternehmenskommunikation ein Managementprozess auf konzeptioneller Ebene. Dieser Prozess ist unterteilt in Analyse, Planung, Organisation, Durchführung und Kontrolle, mit dem Ziel die Funktionen, Aufgaben und Beziehungsstrukturen der Kommunikationsinstrumente sorgfältig aufeinander abzustimmen. Mit Hilfe von Synergieeffekten sollen Budgets effizient ausgeschöpft werden. Durch das einheitliche Erscheinungsbild sollen darüber hinaus Unsicherheiten und Irritationen bei den Zielgruppen reduziert werden. Durch Klarheit, Transparenz und Differenzierung von der Konkurrenz wird die Identität des Unternehmens gefestigt.[8]

---

[6] Vgl. Ries, C. (2010): a.a.O., S. 32.
[7] Vgl. Birkigt, K. / Stadler, M. / Funck, H.J. (2002): Corporate Identity: Grundlagen, Funktionen, Fallbeispiele, Verlag Moderne Industrie, München, S. 17f.
[8] Vgl. Aerni, M. / Bruhn M. / Pifko, C. (2008): Integrierte Kommunikation – Grundlagen mit zahlreichen Beispielen, Repetitionsfragen mit Lösungen und Glossar, Zürich, S. 32f.

4. Technische Potenziale

Nachdem im Jahr 1993 der erste Webbrowser massentauglich eingeführt wurde, entwickelte sich der Kommunikationsträger Internet stetig weiter. Das sog. Web 2.0 beruht auf dem Prinzip der sozialen Partizipation, welches den Menschen ermöglicht, bestimmte Inhalte, Orte, Personen, Meinungen und Ereignisse miteinander zu vernetzen. Weltweit nutzen 1,23 Milliarden Menschen das Internet. In Deutschland sind es 65% der Bevölkerung mit einem jährlichen Plus von etwa 5%. Durch neue Mobilfunkstandards, wie LTE oder UMTS, sowie durch Breitbandinternet sind hohe Datenraten möglich. Globalisierung, Mobilität und Bildungs- statt Informationsgesellschaft sind weltweite Megatrends, die sich aktuell beobachten lassen. Globale Beschaffung hat sich inzwischen auch im privaten Sektor etabliert, so dass der Kauf von ausländischen Waren durch Onlineshops keine Schwierigkeiten mehr darstellt. Durch neue leistungsstarke Smartphones sind Onlinedienste fast überall und jederzeit abrufbar. Letztlich hat auch die Bildung einen großen Einfluss auf die Entwicklung des Internets. Onlinestudien, globale Informationsbeschaffung oder grenzüberschreitende Lerngruppen sind Beispiele für die Entwicklungsrichtung des Internets. All diese Faktoren fördern die technische Weiterentwicklung, die dem weltweiten Informationsaustausch dient.[9]

Insbesondere der Bereich der mobilen Kommunikation hat sich in den letzten paar Jahren durch die Fusion von Internet und Mobilfunk neu definiert. Mit einem modernen Smartphone stehen mobile GPS-Navigation, Internetsuchdienste, Onlineshops, soziale Netzwerke, Musik und Videos, Bücher, Radio und unzählige Funktionen ortungebunden und in Echtzeit zur Verfügung. Die eigens dafür entwickelten Apps realisieren jedwede Anforderung und können meistens kostenlos installiert werden. Bedingt durch immer kürzere Produktzyklen sind solche Internetgeräte bereits für wenige hundert Euro zu haben. Je nach Ausführung sind auch Büroanwendungen lauffähig. Demzufolge ist es möglich, berufliche Tätigkeiten in der Freizeit zu erledigen, aber auch privaten Interessen im Büro nachzugehen, ohne auf Unternehmensressourcen zurückgreifen zu müssen.[10]

---

[9] Vgl. Kaack, J. (2009): Megatrends fördern die Breitband-Entwicklung, http://www.ecin.de/state-of-the-art/breitbandimpulse/ , abgerufen am 30.07.2012
[10] Vgl. o.V. (2012): Mobile und drahtlose Kommunikation, http://www.cebit.de/de/ueber-die-messe/themen-und-trends/news/top-themen-cebit-2012/mobile-und-drahtlose-kommunikation, abgerufen am 30.07.2012

Im Web 3.0 wird das klassische Web 2.0 um neue Dienste ergänzt, wie z.b. das Seman-
tische Web, welches ohne menschliches Zutun logische und soziale Verknüpfungen
bildet. Der Anwender wird gleichermaßen autark wie auch transparent. Informationen
und Nutzerstatistiken können anhand von Profilen maßgeschneidert und vollautoma-
tisch gefiltert werden. Durch die sog. Search Engine Optimization können Suchergebnisse, wie beispielsweise bei Google praktiziert, exakt auf den Verbraucher zugeschnit-
ten werden. Dies bedeutet, dass nur die für den Anwender relevanten Ergebnisse aufge-
listet werden. Ebenso werden präferierte Seiten und angeschaute Inhalte von sozialen
Netzwerken ausgewertet und fließen somit in die Statistik mit ein. Infolgedessen lassen
sich eindringlichere Werbemaßnahmen realisieren.[11]

Die zunehmend leistungsstärkeren Recheneinheiten ermöglichen immer detailreichere
Visualisierungen von reellen Abbildungen. Heute werden ganze Kinofilme am Computer entwickelt. Ebenso können virtuelle Welten erschaffen werden, in denen freie Be-
wegungen ermöglicht werden. Die Spielekonsole Xbox von Microsoft ist ein Bespiel
für eine massentaugliche Integration von Virtualisierung. Durch optische Sensoren können Personen in die digitale Spielewelt projiziert werden. Der Anwender sieht sich über
den Fernseher in der surrealen Welt und kann auch mit ihr interagieren. Dieser alternative Charakter wird auch als Avatar bezeichnet. Ganze Spielewelten, wie World of
Warcraft oder Second Life, in denen reelle Personen in andere Charaktere schlüpfen
und untereinander kommunizieren, haben sich in den letzten Jahren etabliert.[12]

5. Zukunftsfelder der Unternehmenskommunikation

5.1 Mögliche Trends der Unternehmenskommunikation

Einen rein technischen Trend stellt die Vereinheitlichung des Kommunikationsträgers
dar. Internet, Musik, Fernsehen und auch Papiermedien verschmelzen ganzheitlich zu
einem Medium. Dies wird bereits anhand neuer Tablet PCs deutlich. Ihr Funktionsum-
fang reicht von Surfen, über Navigation, Emails, Film bis Radio und das Lesen von E-
books, welche die digitale Form eines Buches darstellen. Durch diese Bündelung und
die Auswertung des Nutzungsverhaltens, ist es den Unternehmen möglich, systematisch
die Interessen und Bedürfnisse des Nutzers zu analysieren. Der Anwender wird transpa-

---

[11] Vgl. Koehn, S. (2012): Die Goolge-SEO-Agenda – Welche SEO-Trends gibt es 2012?,
http://www.gruenderszene.de/marketing/die-google-seo-agenda#, abgerufen am 30.07.2012
[12] Vgl. Adhikari, R. (2011): Microsoft's Avatar Kinect: I Chat the Body Electric:
http://www.technewsworld.com/story/72944.html, abgerufen am 20.08.2012

renter als bislang möglich. Je mehr über das Gerät abgewickelt wird, umso detaillierter wird das Nutzerprofil und umso genauer können Marketingmaßnahmen auf ihn abgestimmt werden. Demzufolge können Unternehmen zukünftig die Inhalte von mobilem Marketing situationsgebunden und zeitunabhängig steuern.[13]

Der Trend der Unternehmenskommunikation vom Produkt zum Konsumenten lässt sich im Bereich des E-Business sichtlich nachvollziehen. Der Konsument wird nicht mehr pauschal als Gruppe, sondern vielmehr als Individuum betrachtet, aus dessen Profil sich genaue Daten über Bedürfnisse und Wünsche herleiten lassen. Tendenziell vollzieht sich ein Wandel vom klassischen B2C zum B2P. An Stelle des Konsumenten steht die Person selber im Mittelpunkt. Durch genaue Informationen, die anhand seines Google-, Facebook- oder Smartphoneprofils gesammelt werden, ist es möglich, Werbung gezielt zu formulieren und den Kunden ganz individuell anzusprechen. Gleichwohl ist er nicht nur im Stande über vielfältige Kanäle Informationen zu beziehen, sondern auch ein Meinungsbild wiederzugeben. Demnach ist dieser nicht nur ein stiller Verbraucher, vielmehr setzt er sich kritisch mit dem Unternehmen und dessen Produkt auseinander. Dieser Trend birgt sowohl Chancen als auch Risiken für das Verkaufsmanagement. Denn es sieht sich zunehmend mit einer differenzierten und ebenso kritischen Zielgruppe konfrontiert, deren Meinung in Form von Pinnwandeinträgen oder Produktrezessionen zunehmend Gehör geschenkt bekommt.[14]

Gegenwärtig wird kein Bereich so schnell weiterentwickelt wie der Bereich der Virtualisierung. Die Möglichkeiten im Fernseh- oder Spielebereich sind vielzählig. Auch Unternehmen können davon profitieren. Product Placement in virtuellen Welten könnte sich als Trend noch weiter fortsetzen. Hersteller können ihre Produkte virtuell präsentieren und dem Kunden realgetreu darstellen. Somit könnte der potenzielle Neukunde auch in die Entwicklung des Produktes mit einbezogen werden, ohne dass tatsächlich ein Prototyp teuer entwickelt werden muss. Virtuelle Showrooms können als Präsentationsplattform dienen und reale Events überflüssig machen.[15]

Je wirklicher diese künstlichen Welten zukünftig gestaltet werden, desto intensiver finden die sog. Immersion, respektive das Eintauchen in diese Welt, statt. Dadurch wird die Aufnahmefähigkeit des Empfängers für Marketingbotschaften noch weiter gestei-

[13] Vgl. Badenberg, S. (2011): http://www.webselling-online.de/79-news/webmaking/196-mobiles-seo-zukunftstrends-und-chancen.html, abgerufen am 07.08.2012
[14] Vgl. Kellner, B. (2012): Kommunikation heute: B2P statt B2B und B2C, http://news.buchakademie.de/?p=1098, abgerufen am 08.08.2012
[15] Vgl. Politt, C. (2011): http://www.kunocreative.com/blog/bid/54739/The-Future-of-Inbound-Marketing-Virtual-Reality-with-Xbox-360, abgerufen am 07.08.2012

gert. Durch die bewusste Anonymität fällt die Kontaktaufnahme viel leichter, sowohl in Bezug auf andere Personen als auch Firmen innerhalb dieser Welten. Infolgedessen wird es Unternehmen zukünftig vereinfacht mit Menschen in Kontakt zu treten, um ihre Botschaften zu verbreiten, aber auch um das Konsumverhalten der Person zu erforschen.[16]

Wissenschaftler entwickeln bereits die nächste Stufe des virtuellen Daseins. Computer können das eigene Ego als dreidimensionales Abbild in einer virtuellen Welt generieren. Neurologische Schnittstellen ermöglichen zeitgleich die Bewegung des Avatars ohne die Verwendung von physischen Eingabegeräten. Visualisiert wird die Welt der Person anhand von zwei Brillendisplays, die im Gehirn als ein Bild zusammengefügt werden. Somit erscheinen die Visionen aus Hollywood, wie im Film Avatar, nicht mehr nur als bloße Fantasie, sondern geben einen guten Eindruck, was zukünftig möglich ist.[17]

5.2 Realisierbare Trends der Unternehmenskommunikation

Ausgehend von den technischen Voraussetzungen und den Potenzialen des sich weiter entwickelnden Webs 3.0, lassen sich viele mobile Dienste realisieren, die dem Anwender gezielte Informationen zur Verfügung stellen und eine unnötige Datenflut unterbinden. Beispielsweise ist es möglich, durch GPS den Smartphonebenutzer auf weniger Meter genau zu lokalisieren und entsprechende Suchanfragen, wie etwa Restaurants oder Cafés, örtlich zu begrenzen. Damit wird es den Unternehmen erlaubt, exakt die Informationen anzubieten, die auch benötigt werden. Denkbar ist auch eine Empfehlung beruhend auf den Vorlieben des Users. Der Like-Button von Facebook kann auf fast jeder Seite genutzt werden, um das Interesse an Inhalten oder Produkten aufzuzeigen. Somit können anhand des Semantic Webs diese Zusammenhänge völlig automatisch gezogen und dem Anwender auf dem Smartphone unterbreitet werden. Da die Netzabdeckung derweil einen hohen Grad erreicht hat und Breitbandinternet zumeist überall verfügbar ist, können konventionelle Haushaltsgeräte oder auch Fahrzeuge über das Internet kommunizieren. Praktisch umsetzbar sind bereits Kühlschränke, die den Verbrauch der Lebensmittel registrieren und automatisiert bestimmte Produkte bestellen. Ebenso sind Benachrichtigungen möglich, die auf dem Smartphone die einzukaufenden

---

[16] Vgl. Neumann, M. (2008): Einsatzpotenziale virtueller Welten für das Marketing: Integration virtueller Welten unter Berücksichtigung ihrer medienspezifischen Eigenschaften in den Marketing-Mix, Diplomica Verlag, Hamburg, S. 13f.

[17] Vgl. Jha, A. (2011): Researchers use virtual-reality avatars to create 'out-of-body' experience, http://www.guardian.co.uk/science/2011/feb/17/people-virtual-reality-avatars, abgerufen am 07.08.2012

Artikel auflisten. Durch den Informationsaustausch mit dem Kühlschrank und der Loka-
lisierung des GPS Signales verläuft dies für den Besitzer völlig unbemerkt. Unternehmen sind somit im Stande, das Kaufverhalten aktiv zu beeinflussen. Sowohl was die
Auswahl des Herstellers, als auch die einzukaufende Menge angeht. Diese Analyse des
menschlichen Verhaltens durch lernfähige Software oder Computer ist das Paradebeispiel für Semantic Web.[18]
Viele kommunikationspolitische Maßnahmen wie Product Placement, Sponsoring,
Public Relations oder Event-Marketing sind in virtuellen Welten ebenso denkbar wie in
der realen Welt. Auch können diese kombiniert werden, wie das Beispiel Adidas zeigt.
In Second Life besitzt Adidas einen eigenen Store, in dem virtuelle Schuhe gekauft und
vom Avatar getragen werden können. Über einen eigenen Link im Spiel ist es möglich,
den gleichen Schuh direkt bei Adidas zu bestellen. Die Verkaufsförderung in realer und
virtueller Welt ist im diesem Beispiel fließend.[19]

5.3 Bereits umgesetzte Trends der Unternehmenskommunikation

Ähnlich wie das Apple iPhone, welches nahezu ohne Werbung und vielmehr durch rege
Diskussionen die Neugierde auf das Produkt lenkt, stellen viele Hersteller Neuigkeiten
und Produktbeschreibungen nur noch online zur Verfügung. Ob über soziale Medien
oder in Blogs, die Bedeutung der digitalen Informationsbereitstellung hat konventionelle Medien wie Kataloge oder Broschüren den Rang abgelaufen. So bietet etwa Toyota
darüber hinaus die Möglichkeit der virtuellen Produktindividualisierung. In Second Life
können Autos mit virtuellem Geld gekauft und nach eigenen Wünschen konfiguriert
werden. Dadurch gewinnt das Unternehmen zum einen Informationen über die Kunden-
präferenzen und zum anderen dient es der Bekanntmachung von neuen Fahrzeugty-
pen.[20]
Aktuelle Trends zeigen Wachstumspotenziale in den sozialen Medien. Die Trendstudie
des European Communications Monitors von 2011 gibt Aufschluss über die Wichtigkeit
der Kommunikationsmittel aus Sicht der Unternehmen. Markant sind die Bedeutungs-
zuwächse, die nach den Unternehmern teilweise 100% Zuwächse innerhalb eines Jahres
verzeichnen. Ebenso wird deutlich, dass aktuell soziale Netzwerke wie Facebook im

[18] Vgl. Sonntag, C. (2012): „Die Milch läuft morgen ab": Studierende entwickeln intelligenten Kühlschrank, http://www.hs-niederrhein.de/news/news-detailseite/aEURzdie-milch-lauft-morgen-ab-
studierende-entwickeln-intelligenten-ka14hlschrank-3606/ , abgerufen am 14.08.2012
[19] Vgl. Brechtel, D. (2007): Spielwiese für Marken, in: Wirtschaftswoche, 11/2007, S. 98
[20] Vgl. Breuer, M. (2007): White Paper. Second Life und Business in virtuellen Welten, Elephant Seven
und Pixelpark (Hrsg.), Berlin, S. 37.

10

Hauptaugenmerk des Kommunikationsmanagements liegen. Virtuelle Welten spielen momentan noch eine untergeordnete Rolle, besitzen dennoch Wachstumspotenzial.

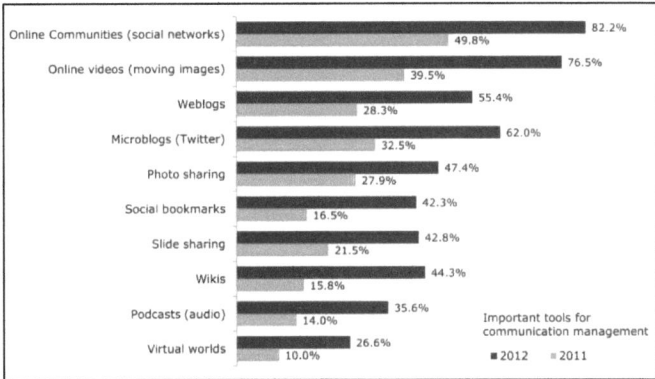

Abbildung 1: Bedeutungszuwachs der Medien für Unternehmen 2011
Quelle: Entnommen aus: Schindler, M. (2012): European Communications Monitor: europäische PR-Trendstudie für 2011, http://www.mcschindler.com/2011/07/06/european-communications-monitor-europaeische-pr-trendstudie-fuer-2011/, abgerufen am 17.08.2012

6. Fazit

Zukünftige Innovationsfelder, insbesondere unter Berücksichtigung der Internettrends, geben interessante Rahmenbedingungen, wie sich Unternehmenskommunikation noch weiterentwickeln kann. Die Faszination der virtuellen Welten und der daraus resultieren Kommunikationsmöglichkeiten bieten viele Innovationsfelder im Bereich kommunika-tionspolitischer Maßnahmen. Das Beispiel Adidas zeigt wie beide Welten verknüpft werden können. Inwieweit sich virtuelle Welten noch durchsetzen, bleibt offen.

Die Gefahren durch Eingriffe in die Privatsphäre stehen den digitalen Möglichkeiten gegenüber. Durch automatische und intransparente Prozesse können Unternehmen per-sönliche Profile erstellen und gezielt mit dem Verbraucher kommunizieren. Unbewusst profiliert sich dieser zunehmend durch sein Verhaltensmuster innerhalb der Medien. Demzufolge wird er unfreiwillig zum gläsernen Kunden gemacht. Der Trend der indivi-dualisierten und integrierten Unternehmenskommunikation wird dadurch fortgeführt und in dessen Methodik noch verfeinert. Unternehmen wird es somit ermöglicht, schnell und detailliert die Reaktionen auf Botschaften oder neue Produkten einzufangen und auszuwerten. Die Unternehmen wie Google oder Facebook werden zu einem Sammel-surium von persönlichen Informationen, die bis dato keiner politischen Kontrolle unter-liegen.

Literaturverzeichnis

Aerni, M. / Bruhn, M. / Pifko, C. (2008): Integrierte Kommunikation – Grundlagen mit zahlreichen Beispielen, Repetitionsfragen mit Lösungen und Glossar, Compendio Bildungsverlag, Zürich 2008

Birkigt, K. / Stadler, M. / Funck, H. J. (2002): Corporate Identity: Grundlagen, Funktionen, Fallbeispiele, 11. Überarbeitete und aktualisierte Auflage, Verlag Moderne Industrie, München 2002

Brechtel, D. (2007): Spielwiese für Marken, in: Wirtschaftswoche, 11/2007, Verlagsgruppe Handelsblatt, Düsseldorf 2007, S. 98-101

Breuer, M. (2007): White Paper - Second Life und Business in virtuellen Welten, Elephant Seven und Pixelpark (Hrsg.), Berlin 2007

Bruhn, M. (2011): Unternehmens- und Marketingkommunikation – Handbuch für ein integriertes Kommunikationsmanagement, 2. Auflage, Vahlen Verlag, München 2011

Leutgeb, C. (2010): Analyse der Chancen und Herausforderungen für Unternehmen des Dienstleistungssektors am Beispiel des Megatrends Alterung, Grin Verlag, Norderstedt 2010

Maisch, B. / Meckel, M. (2009): Innovationskommunikation 2.0 – Das Beispiel Apple iPhone, in: Marketing Review St. Gallen, Jg. 24, 02/2009, Springer Fachmedien, Wiesbaden 2009, S.42-46

Neumann, M. (2008): Einsatzpotenziale virtueller Welten für das Marketing: Integration virtueller Welten unter Berücksichtigung ihrer medienspezifischen Eigenschaften in den Marketing-Mix, Diplomica Verlag, Hamburg 2008

Raabe, J. (2012): Erfolgsfaktoren für Innovation in Unternehmen – Eine explorative und empirische Analyse, Gabler Verlag, Wiesbaden 2012

Ries, C. (2010): Public Relations und Mitarbeiterkommunikation von Wachstumsunternehmen. Untersuchung der Kommunikationskonzepte stark Wachsender Unternehmen im deutschsprachigem Raum, Diplomica Verlag, Hamburg 2010

Internetquellen

Adhikari, R. (2011): Microsoft's Avatar Kinect: I Chat the Body Electric:
http://www.technewsworld.com/story/72944.html, abgerufen am 20.08.2012

Badenberg, S. (2011): Mobiles SEO: Zukunftstrends und Chancen
http://www.webselling-online.de/79-news/webmaking/196-mobiles-seo-zukunftstrends-und-chancen.html, abgerufen am 07.08.2012

Jha, A. (2011): Researchers use virtual-reality avatars to create 'out-of-body' experience,
http://www.guardian.co.uk/science/2011/feb/17/people-virtual-reality-avatars, abgerufen am 07.08.2012

Kaack, J. (2009): Megatrends fördern die Breitband-Entwicklung
http://www.ecin.de/state-of-the-art/breitbandimpulse/, abgerufen am 30.07.2012

Kellner, B. (2012): Kommunikation heute: B2P statt B2B und B2C,
http://news.buchakademie.de/?p=1098, abgerufen am 08.08.2012

Koehn, S. (2012): Die Goolge-SEO-Agenda – Welche SEO-Trends gibt es 2012?
http://www.gruenderszene.de/marketing/die-google-seo-agenda#, abgerufen am 30.07.2012

Politt, C. (2011): The Future of Inbound Marketing - Virtual Reality with Xbox 360?
http://www.kunocreative.com/blog/bid/54739/The-Future-of-Inbound-Marketing-Virtual-Reality-with-Xbox-360, abgerufen am 07.08.2012

Schindler, M. (2012): European Communications Monitor: europäische PR-Trendstudie für 2011,
http://www.mcschindler.com/2011/07/06/european-communications-monitor-europaeische-pr-trendstudie-fuer-2011/, abgerufen am 17.08.2012

Sonntag, C. (2012): „Die Milch läuft morgen ab": Studierende entwickeln intelligenten Kühlschrank,
http://www.hs-niederrhein.de/news/news-detailseite/aEURzdie-milch-lauft-morgen-ab-studierende-entwickeln-intelligenten-ka14hlschrank-3606/, abgerufen am 14.08.2012

o.V. (2012): Mobile und drahtlose Kommunikation
http://www.cebit.de/de/ueber-die-messe/themen-und-trends/news/top-themen-cebit-2012/mobile-und-drahtlose-kommunikation, abgerufen am 30.07.2012

Anhang

Adhikari, R. (2011):

TechNewsWorld > IT | Read Next Article in IT

Microsoft's Avatar Kinect: I Chat the Body Electric

By Richard Adhikari
TechNewsWorld
07/26/11 5:00 AM PT

⚊ Print Version
✉ E-Mail Article
⟳ Reprints

Xbox 360 users can now use the motion-detecting, hands-free Kinect controller to inhabit online avatars and interact with others in virtual chat rooms. Avatar Kinect appears to lend itself to several different types of interaction, from watching sports programming with a group to holding virtual meetings.

Microsoft on Monday released Avatar Kinect, a feature for the hands-free controller that will let users set up a virtual presence to interact with up to seven other friends in up to 24 virtual stages.

Avatar Kinect for the Xbox 360 is a chat service that will leverage the Kinect's camera, which tracks users' gestures and facial expressions.

Users will be able to share creations from Avatar and another feature to be released later this week, Kinect Sparkler, by waving their hands in front of the Kinect cameras.

Kinect owners can use Avatar Kinect now. The feature requires an Xbox Live Gold membership, but from now to Sept. 8, members of both Xbox Silver and Gold can use Avatar Kinect for free.

Microsoft might expand the Avatar Kinect application beyond gaming.

"I'm not sure that Microsoft would position it as game-centric, but might instead use things like set-top boxes and business videoconferencing and add elements of Kinect within those," Kurt Scherf, vice president and principal analyst at Parks Associates, told TechNewsWorld.

Microsoft did not respond to requests for comment by press time

VI

Be Where You Want to Be

Users can download Avatar Kinect from Kinect Fun Labs.

Bloggers and podcasters can use Avatar Kinect on Xbox 360 as a new platform, Microsoft said.

Avatar Kinect doesn't require a game controller besides the Kinect, and Microsoft said more Kinect and Kinect-enhanced games for Xbox 360 are scheduled for this holiday season.

Possible Uses for the Avatar Kinect

One possible use of the Avatar Kinect is within an entertainment experience, such as watching television, Parks Associates Scherf said.

"Microsoft has demonstrated Kinect with Sky in the UK and having the avatar represent the user within a chat room, where viewers can come together to discussing programming," Scherf stated.

The Avatar Kinect is relevant for sports viewing, offering users the possibility to taunt fans of opposing teams, for instance, Scherf suggested.

However, as television becomes more social in nature, Avatar Kinect might open up new marketing possibilities.

"For marketers and brands, the ability to receive real-time feedback on an audience's reaction to an advertisement will be critical, so I can see Microsoft expanding the avatars into the role of real-time market research and feedback," Scherf pointed out.

Microsoft could also enhance existing technologies using Avatar Kinect.

"They could take existing solutions such as Skype or Microsoft Mediaroom and add Kinect-like avatar and natural human interaction to these," Scherf opined. ◼

 2 3 0 0 15

⎙ Print Version ✉ E-Mail Article ⇗ Reprints ⚲ More by Richard Adhikari

Badenberg, S. (2011):

Mobiles SEO: Zukunftstrends und Chancen

10. November 2011 | Sebastian Badenberg 🐦 Folgen

Share 👍 Like 0 🐦 Twittern 0 🔴 +1 0

Die Smartphones erobern den Massenmarkt! Der M-Commerce-Markt sollte daher für alle Website- und Onlineshop-Betreiber den Einstieg ins mobile Internet wert sein. Im mobilen Internet herrschen ähnliche Regeln wie im stationären Web. Das bezieht sich auch auf das Thema SEO. Wir haben mit Ulv Michel (Foto, Geschäftsleiter Operations bei Online Marketing Solutions) über Zukunftstrends für mobiles SEO gesprochen.

Viele Unternehmen haben ihre Strategie noch nicht auf den mobilen Markt ausgerichtet. Auch im Bereich mobiles SEO sind viele nicht optimal aufgestellt. Woran liegt das?

Mobile SEO-Maßnahmen erfordern eine ganzheitliche und langfristige Betrachtungsweise. große Unternehmen sind jedoch häufig etwas träge, wenn es darum geht, laufende Trends in die übergreifende Strategie zu integrieren. In meinen Augen wäre es aber ein Fehler, diesen Trend auf längere Sicht zu ignorieren, denn die mobile Internetnutzung wächst weiterhin deutlich an. Hier müssen also Ressourcen frei gemacht werden.

Sie fordern, dass auch SEO-Dienstleister reagieren und ihr Leis · tungs · spektrum verbreitern müssen. Was machen die Dienstleister falsch?

Ich möchte mich generell nicht negativ über die Vorgehensweise anderer Agenturen äußern. Jeder hat seine Stärken und seine Art, Kunden zu bedienen. Die Schwierigkeit in Bezug auf mobiles SEO ist, dass hierbei in besonderer Weise eine interdisziplinäre Herangehensweise gefordert ist. Um ein Unternehmen bestmöglich zu positionieren, sollte es ganzheitlich beraten werden. Dabei spielen auch Internet-PR, Online-Marketing und Social Media-Marketing eine wichtige Rolle. SEO-Agenturen müssen jetzt diese Bedürfnisse erkennen und das eigene Leistungsportfolio erweitern und an das Marktbedürfnis anpassen.

Wo liegen Ihrer Meinung nach generell die Probleme beim Thema mobiles SEO? Wird das Thema derzeit zu wenig beachtet?

Die Problematik sehe ich im aktuellen Ungleichgewicht zwischen Angebot und Nachfrage. Statt dem Nutzer einen Schritt voraus zu sein, hinken viele Unternehmen nach und haben in Zeiten, in denen 20 Prozent der deutschen Nutzer mobil im Internet surfen, keinen geeigneten mobilen Auftritt. Wer jetzt nicht handelt, wird es in Zukunft schwer haben, aufzuholen. Bestehende Präsenzen für die mobile Nutzung zu optimieren, ist weitaus schwieriger, als ganzheitliche Konzepte von Anfang an auf die verschiedenen Kanäle auszurichten.

Was sollte man also tun?

Grundlegende Optimierungsmaßnahmen, wie zum Beispiel die Verbesserung der Ladezeit der Seite und die Überprüfung des mobilen Domain-Namens auf dessen SEO-Tauglichkeit sind sicherlich die ersten Schritte. In Zukunft werden aber immer komplexere Herausforderungen auf die Unternehmen und deren SEO-Dienstleister zukommen.

Was bringt mobiles SEO?

Zusammenfassend lässt sich sagen, dass Suchmaschinenoptimierung für mobile Endgeräte sehr viele Möglichkeiten bereithält, diese auf dem deutschen Markt jedoch nur vereinzelt oder experimentell ausgeschöpft werden. Das ist schade, aber jede Entwicklung braucht ihre Zeit.

Wo liegen Ihrer Meinung nach die Chancen bei mobilem SEO? Was können Unternehmen damit erreichen?

Mithilfe mobiler Suchmaschinenoptimierung können Unternehmen sehr nahe an den Endverbraucher herantreten und einen bleibenden Eindruck hinterlassen. Mobiles Marketing erlaubt es, Inhalte dem Kunden genau dort und dann zu präsentieren, wenn er sie braucht und sucht. Smartphone-Nutzer suchen kurzfristig und situationsgebunden nach Informationen, denn sie haben das Gerät immer dabei. Da ist Präsenz an der richtigen Stelle gefragt. Langwierige Weiterleitungen und komplizierte Benutzeroberflächen lassen die Besucher zudem schnell wieder abspringen. Wer mit effektiven Lösungen beeindruckt, bleibt in Erinnerung.

Wie teuer muss so eine Kampagne sein? In welchem Marketing-Mix sollte sie aufgezogen werden?

Ganz klar: Mit Standardlösungen kommt man im mobilen Bereich nicht weit. Je nachdem, welche Potenziale das Unternehmen bietet, sollte auch die Strategie ausgerichtet sein. Dabei kommt es darauf an, über welche Kanäle die Nutzer angesprochen werden sollen. Auch der Marketing-Mix muss individuell darauf ausgerichtet sein, mit welchem Mittel Interessenten angesprochen werden können. Hier ein Beispiel: Ist das Unternehmen auf lokaler Ebene stark, müssen vor allem lokale Internet-Dienste wie zum Beispiel Google Places aktiviert werden. Unternehmen aus anderen Branchen müssen natürlich andere Schwerpunkte setzen. Hier gilt: Professioneller Rat kann viel Geld und Zeit sparen.

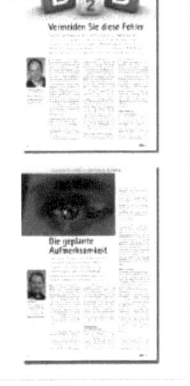

Jha, A. (2011)

Researchers use virtual-reality avatars to create 'out-of-body' experience

Volunteers experienced the virtual bodies as if they were their own, with possible applications in computer games or to transport people digitally to other locations

Alok Jha, science correspondent
guardian.co.uk, Thursday 17 February 2011 16.01 GMT

Share 1173
Tweet 166
+1 4
Email

Article history

Science
Neuroscience
Psychology AAAS

Technology
Virtual worlds Games

More news

More from the AAAS

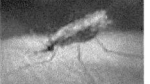

Seaweed may provide new drugs to fight the malaria parasite
As malaria becomes increasingly resistant to drugs, a chemical found on seaweed shows promise in lab tests as a new antimalarial

Solar storms could create $2tn 'global Katrina', warns chief scientist

Scientists create GM mice with stutter to study condition's causes

Scientist urges human papilloma virus jabs for boys to stem oral cancer rise

Eat more anchovies, herring and sardines to save the ocean's fish stocks

Being bilingual may delay Alzheimer's and boost brain power

Hibernating bears teach scientists tricks for human hibernation

In the film Avatar, human minds are transferred into synthetic bodies. Photograph: Sportsphoto Ltd./Allstar

In the film Avatar, explorers on the planet Pandora transmit their minds into alternative bodies. Now scientists have come a step closer to recreating the experience in the lab.

They have successfully "projected" people into digital avatars that can move around a virtual environment. The participants experienced the digital body as if it were their own, even if the virtual humans were of the opposite sex.

The research is aimed at understanding how the brain integrates information coming from the senses in order to determine the position of the body in space. But the results could also be used in next generation computer games or for people who want to transport themselves, digitally, to other locations.

Olaf Blanke, a neurologist with the Brain Mind Institute at Ecole Polytechnique Fédérale de Lausanne in Switzerland, who led the work, used a virtual-reality (VR) setup with cameras linked to a head-mounted video display to achieve his results. He presented his work on Thursday at the annual meeting of the American Association for the Advancement of Science.

It is an extension of previous work by the same researchers that aims to recreate out-of-body experiences. These are defined as situations where a person who is awake sees their own body from somewhere outside themselves. This can occur when brain function has been damaged through a stroke, epilepsy or drug abuse. The most common cases happen in traumatic events such as car accidents or during operations.

In those experiments, carried out by Blanke and colleagues in 2007, volunteers wore goggles containing a video screen for each eye fed fed by a pair of cameras behind the participant. Because the two images were combined by the brain into a single image, they saw a 3D image of their own back.

Experimenters then moved a plastic rod towards a location just below the cameras, in their field of view, while the participant's real chest was simultaneously touched in the corresponding position. The participants reported feeling that they were located where the cameras had been placed, watching a body in front of them that belonged to someone else.

In his latest work, Blanke's volunteers used a similar VR set-up and then wandered through different digital 3D environments while researchers physically touched them either in sync or out of sync with the digital humans, to see where the volunteers thought their bodies were in the virtual space.

He also "projected" male volunteers into female avatars and placed volunteers directly into their avatars, so they were no longer watching from behind. Blanke reported that, even when moving in a virtual scene, volunteers felt as if whatever happened to the avatar happened to them.

"They start thinking that the avatar was their own body," said Blanke. "We created a partial out-of-body experience. We were able to disassociate touch and vision and make people think that their body was two metres in front of them."

The volunteers all wore skullcaps, which contained electrodes, to monitor the electrical activity in the brain. The data recorded by these showed a heightened response in the temporo-parietal and frontal regions of the volunteer's brains, compared to control conditions. These parts are responsible for integrating touch and vision into a coherent perception.

Blanke said the work on inducing these experiences artificially proved that they were nothing more than a brain malfunction. "Instead of it being a spiritual thing, it is the brain being confused," he said. "Why do we think that it is spiritual when we don't think a phantom limb when one is lost is an example of the paranormal?"

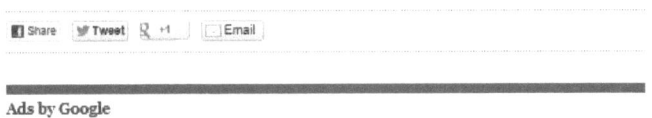

XI

Kaack, J. (2009):

Megatrends fördern die Breitband-Entwicklung

Von Redaktion veröffentlicht am: 08 Dezember 2011

Diesen Beitrag stellt zur Verfügung

STZ-Consulting Group
"Beratung vom Unternehmer
für Unternehmer"

Megatrends fördern die Breitband-Entwicklung

08.01.2009

Ob soziale Web-Dienste oder moderne Verwaltungsprozesse, Internet-Trends haben in der Gesellschaft längst eine feste Basis. Mit der steigenden Zahl beispielsweise an multimedialen Angeboten, erhöht sich auch der Wunsch nach schnelleren Zugängen zum weltweiten Datennetz. So können Megatrends nicht nur den Breitband-Ausbau vorantreiben, auch das Netz selber kann als Treiber verschiedenster Anwendungen aus den Bereichen Bildung, Gesundheit, Verkehr oder Verwaltung agieren.

Die Entwicklung von Wirtschaft und Gesellschaft folgt langjährigen und überregional gültigen Tendenzen, die konjunkturelle Zyklen wie eine Finanzkrise oder zyklisch mögliche Rezessionen überlagern. In der Vergangenheit waren dies die Erschließung von Rohstoffen, die Industrialisierung und der Aufbau von Transportwegen wie Eisenbahnschienen, Kanälen und Straßen. Die aktuellen weltweiten Megatrends sind nach Ansicht von Experten:

- Globalisierung
- Mobilität
- Bildungs- statt Informationsgesellschaft
- Alternde Gesellschaft
- Virtualisierung

Wie der Name nahe legt, wirken Megatrends auf alle Gesellschaftsgruppen weltweit ein und überlagern andere Tendenzen. Sie bieten Ansätze für Breitbandlösungen, die einen konkreten Beitrag zur weiteren Entwicklung leisten können. Dabei ist heute ebenso wenig absehbar, in welche Richtung sich die Telekommunikation tatsächlich weiterentwickeln wird, so wie dies bereits vor zehn Jahren der Fall war. So ist das Internet 2008 erst 15 Jahre alt geworden, nachdem im Jahr 1993 der erste Web-Browser eingeführt wurde. Mittlerweile nutzen weltweit 1,23 Mrd. Menschen das Internet. In Deutschland sind 65 % der Bevölkerung online und in diesem Jahr werden wohl noch mal 5 % hinzukommen.

Da das Internet-Angebot auf vielen Seiten immer multimedialer wird mit animierten Seiten, Videos, Musik und Fotos. So bleibt es nicht aus, dass die erforderliche Bandbreite stetig steigt. Ende 2006 werden 21,9 Mio. Haushalte in Deutschland einen Breitband-Anschluss nutzen. Dabei steigt die genutzte Bandbreite kontinuierlich. Während 2005 noch 8,2 Mio. (von insgesamt 10,3 Mio.) Anschlüsse eine Bandbreite von weniger als 2 MBit/s hatten, werden es bis Ende 2006 nur noch 3,7 Mio. Anschlüsse sein. Gleichzeitig werden 2008 bereits 4,5 Mio. Anschlüsse mehr als 6 MBit/s zur Verfügung haben. 2005 gab es dieses Bandbreiten-Angebot noch nicht im Privatkundensegment!

Aufholjagd in der Breitband-Durchdringung

Die Anzahl der Breitband-Anschlüsse ist gegenüber dem Vorjahr um 17 % gestiegen. Das Marktsegment mit mehr als 6 MBit/s ist dagegen gegenüber 2007 um 125 % gewachsen. Der Trend zu mehr Bandbreite ist somit eindeutig und sicher nicht am Ende. Derzeit nutzt das Gros der Kunden, nämlich 13,7 Mio. den Bandbreitenbereich von 2 bis 6 MBit/s. In den nächsten Jahren werden Bandbreiten mit 16, 32, 50 oder sogar 100 MBit/s genauso selbstverständlich werden wie heute 6 MBit/s!

Beeindruckend ist die Entwicklung des Breitband-Verkehrsvolumens von 2001 mit nur 22 Mio. GB auf voraussichtlich 2397 Mio. GB in 2008. Durchschnittlich ist das Internet-Verkehrsvolumen in den letzten Jahren um ca. 340 GB jährlich gestiegen, allerdings mit deutlichem Anstieg in den letzten beiden Jahren. Alleine von 2007 auf 2008 beträgt der Anstieg über 33 % und somit fast doppelt so stark wie die Anzahl der Breitband-Anschlüsse. Das durchschnittliche Datenvolumen pro Monat und Nutzer liegt 2008 laut VATM bei 9,2 GB und wächst weiter. Das steigende Verkehrsvolumen ist letztlich auch die entscheidende Ursache für den Bedarf an ständig steigenden Bandbreiten.

Das Internet wird mobil

Nicht nur im Festnetz wächst das Verkehrsvolumen, auch im Mobilfunk steigt die Datenkommunikation zwar noch auf niedrigem Niveau aber doch stetig. 2002 betrug der Umsatz mit mobiler Datenkommunikation gerade mal € 0,1 Mrd., aber 2008 werden es wohl bereits € 2,3 Mrd. sein. Gegenüber dem Vorjahr ist das Umsatzvolumen um über 35 % angewachsen und es ist zu erwarten, dass auch im nächsten Jahr über 30 % Wachstum erreicht werden. Bemerkenswert ist, dass die mobile Datenkommunikation voraussichtlich bereits 2009 einen höheren Umsatz generiert als SMS und MMS zusammen!

XII

Bedenkt man, welche Anwendungen die Entwicklung des Internets getrieben haben, so wird deutlich, warum auch in der mobilen Datenkommunikation noch erhebliches Wachstumspotenzial steckt. Eine der ersten und bis heute wichtigsten Anwendungen ist das Versenden und Empfangen von Emails. Mit dem Aufkommen der Push-Dienste und kostengünstiger Datenpaket-Angebote ist die Email-Nutzung auch in mobiler Umgebung nicht mehr ungewöhnlich.

Weitere mobile Anwendungen wie z.B. standort-abhängige Informations- und Transaktions-Dienste werden die mobile Datenkommunikation weiter entwickeln. Dabei sollte nur gewährleistet sein, dass die neuen Dienste beim Anwender nicht als Spam gewertet werden. Hierzu ist es notwendig, nur solche Informationen aktiv zu verschicken, die der Nutzer vorher angefordert hat. Auch die Möglichkeit mit dem Handy zu bezahlen, z.B. im Nahverkehr, bei der Deutschen Bahn, aber auch in zunehmend mehr Städten für die Parkplatznutzung, wird die Datenkommunikation weiter vorantreiben. Die Nutzung des Handys für den mobilen Fernsehempfang, z.B. nach dem DVB-H Standard war dagegen bislang nicht erfolgreich.

Internet und Breitband sind weder im Festnetz noch im Mobilfunk am Ende ihres Wachstums. Im Gegenteil sind dies die Treiber für die weitere Entwicklung des Telekommunikationsmarktes. Vergleicht man die Breitband-Entwicklung in Deutschland mit derjenigen in anderen Ländern, so wird deutlich, dass Deutschland bestenfalls im Mittelfeld liegt. Viele Länder haben in der Breitband-Durchdringung bereits die Marke von 80 % der Haushalte überschritten. Dabei braucht man nicht mal nach Asien oder in Richtung Skandinavien zu sehen, selbst Holland ist im Hinblick auf die Breitbanddurchdringung deutlich weiter entwickelt als Deutschland.

Breitband ist ein Treiber vieler Entwicklungen

In den letzten fünf Jahren waren soziale Netze wie z.B. MySpace, StudiVZ, Flickr oder YouTube starke Treiber des Wachstums, die dem übergreifenden Trend zur Individualisierung der Inhalte folgen. 'Ernsthafte' Anwendungen aus den Bereichen Bildung, Gesundheit, Verkehr und Verwaltungsdienste werden in den nächsten Jahren für zusätzliches Wachstum sorgen. Zunehmend werden die Inhalte von Portalen nicht nur über das Festnetz erreichbar sein, sondern auch in speziell aufbereiteter Form mobil mit einem Handy. Ein großer Schub in der weiteren Entwicklung ist mit dem "Internet der Dinge" zu erwarten, wenn alle elektrischen Verbraucher mit eigener Internet-Adresse versehen werden und untereinander kommunizieren. Entsprechende Lösungen können den Verkehr sicherer machen und bei höherem Komfort helfen, Energie ein zu sparen.

Breitband in der Bildung

Im Studium ist der Computer und das Internet schon heute nicht mehr weg zu denken. In der Schule dagegen ist in Deutschland der Einsatz von Computer immer noch eher die Ausnahme. Es gibt immer noch viele Schulen, die nur mit einem schmalbandigen Anschluss an das Internet angebunden sind. Dabei kann der Einsatz von Computern im Unterricht helfen, die individuellen Fähigkeiten der Schüler zu fördern, die Arbeit in Lerngruppen zu unterstützen und den Frontalunterricht auf zu lösen. Natürlich sollten die Schüler dabei beim gezielten Einsatz des Internets unterstützt werden und über Risiken aufgeklärt werden.

Die Arbeit mit Computer und Internet kann dann auch außerhalb der Schule sinnvoll erfolgen, z.B. zur Erledigung von Hausarbeiten und die Erstellung von Seminararbeiten. So lässt sich nicht nur das Ausbildungsniveau steigern, sondern durch die Erfahrung im sinnvollen Umgang mit Computer und Internet wird eine gute Voraussetzung für den Einstieg in die Berufswelt geschaffen.

Auf keinen Fall darf der durchschnittliche Kenntnisstand der Jugendlichen auf der Ebene der perfekten Nutzung von Online-Games, Chats und der Nutzung von Social Networks wie YouTube und SchülerVZ stehen bleiben. Der Einsatz von Online-Unterricht ist im Bereich der Erwachsenenbildung und der beruflichen Weiterbildung zwar schon weiter verbreitet, aber auch in diesem Bereich kann eine weitere Durchdringung durch intuitive Nutzungsmöglichkeiten und Sprachsteuerung mehr erreicht werden. Selbst im Seniorenbereich ist die Beschäftigung mit Bildungsthemen ein verbreiteter Wunsch. Hier kann mittels Internet der Beschäftigungsbereich deutlich erweitert werden. Allerdings gilt hier in besonderem Maße die Anforderung nach einfachen Benutzerschnittstellen, da erst 40 % der über 50-Jährigen in Deutschland heute das Internet nutzen (im Vergleich zu über 90 % der Generation der 14 bis 29-Jährigen).

Breitbandlösungen für Unternehmen

Unternehmen haben schon früh mit der Nutzung von Telekommunikations- und Breitbandlösungen begonnen. Ohne solche Anwendungen wäre die internationale Zusammenarbeit nur viel schwerer. Die gemeinsame Arbeit an großen Entwicklungsvorhaben rund um den Globus ist ohne Breitbandnetze nicht vorstellbar. Da Unternehmen den Einsatz von Telekommunikationslösung en in erster Linie unter Nutzengesichtspunkten bewerten, werden neue Lösungen schnell übernommen, sofern sie einen Nutzen bringen, der über den Kosten für die Lösung liegt und einen Wettbewerbsvorteil verspricht.

Unter diesem Gesichtspunkt braucht man keine Lösungen für die international agierenden Unternehmen suchen, da sie entweder mit eigenen Experten oder durch Systemhäuser maßgeschneiderte Lösungen realisieren lassen. Bei vielen mittelständischen Unternehmen sieht dies aber noch anders aus. Mit standardisierten Anwendungs-Lösungen, die mit geringen Anpassungen genutzt werden können und geringe Kosten bringen als den erzielten Nutzen, können auch dem Mittelstand und kleineren Unternehmen neue Lösungen nahe gebracht werden. So können mobile Zugangslösungen vom jedem Computer aus einen sicheren Zugang auf den eigenen Rechner ermöglichen. Durch einen Internetzugang über Festnetz oder Mobilfunk können Computer zu Eingabe- und Anzeigegeräte reduziert werden. Vor etwa zehn Jahren wurde dieses Konzept als "Netz-PC"-Lösung bezeichnet. Die fehlende Bandbreite hat damals eine breite Einführung verhindert. Gerade mit Breitband können aber heute auch datenintensive Anwendungen auf diesem Wege aus der Ferne und von fremden PCs aus bearbeitet werden. Neben dem mobilen Zugang und "Virtual Desktop" Anwendungen schaffen Kollaborations-Lösungen Ansätze zu Wettbewerbsvorteile auch für mittelständische Unternehmen durch Kooperationen mit nationalen und internationalen Partnern. Dabei sind Identifikation und Authentifizierung sowie die Prüfung von Berechtigungen und der Schutz vor Datenverfälschung oder Abhören wichtige Voraussetzungen. Je nach Anwendung braucht eine Erfolg versprechende Kollaboration sichere Breitband-Verbindungen.

Die Verlagerung von Anwendung aus dem lokalen Umfeld zu einem zentralen Dienstleister bietet gerade kleineren Unternehmen Vorteile. Ein solches auch als ASP (Application Service Provider) bezeichnetes Dienstleistungsangebot erspart den Erwerb von Lizenzen und die Sorge um Updates und die Kompatibilität von unterschiedlichen Programmen. Ein solches Angebot wird sich natürlich zunächst um Standard-Software im Bereich der Büro- und Buchhaltungs-Software entwickeln, aber je weiter sich der Markt entwickelt, um so eher ist zu erwarten, dass auch spezifischere Lösungen für kleinere Zielgruppen angeboten werden. Nach der Bereitstellung der Software kann ein ASP-Anbieter auch die Bereiche des Datenschutzes und der Datensicherung abdecken. Bereiche die bei vielen kleineren Unternehmen nicht mit der erforderlichen Sorgfalt beachtet werden. Hier schafft die Bündelung des Bedarfs vieler Unternehmen die Voraussetzung für ein wirtschaftlich attraktives Angebot. Durch die in den letzten Jahren drastisch gefallenen Kommunikationspreise sind die Kommunikationskosten heute kein Hinderungsgrund mehr.

- Breitband im Gesundheitswesen

Im Bereich des Gesundheitswesens ist aufgrund der Alterung in der Gesellschaft mit einer weiteren Steigerung der Kosten zu rechnen. Durch den Einsatz von Telemedizin können Patienten mit chronischen Erkrankungen auch zuhause überwacht werden. Damit können Kontroll-Besuche beim Arzt reduziert werden und der zuständige Arzt kann gleichzeitig mehr Patienten überwachen. Ein wesentlicher Effekt ist dabei, dass bei einer regelmäßigen (täglichen) Überwachung das Risiko einer nicht erkannten schleichenden Verschlechterung reduziert wird. Auf diesem Wege können solche Krankenhausaufenthalte vermieden werden, die durch solche Effekte bedingt werden. Da Krankenhausaufenthalte ein wichtiger Kostentreiber im Gesundheitswesen sind, können durch Telemedizin nicht nur Vorteile für den Patienten geschaffen werden, sondern auch Einsparungen bei den Gesundheitskosten. Für den Erfolg entsprechender Lösungen ist es entscheidend, dass die Benutzeroberfläche so einfach wie möglich ist. Hierbei sollte auf automatische Abläufe gesetzt werden und eine Interaktion nur mit gewohnten Geräten wie z.B. der Fernbedienung für das Fernsehen. Trotzdem ist eine ausführliche Einweisung ein zu planen! Für die Akutmedizin ist die Telemedizin in der Regel nicht geeignet.

Die elektronische Verfügbarkeit von Patientendaten mit Angaben über frühere Erkrankungen und Unverträglichkeiten kann aber auch in der Akutmedizin für die Patienten erhebliche Vorteile bringen. Hierzu ist eine zentrale Datenbank mit sämtlichen Informationen über den Patienten erforderlich, die z.B. auch Röntgenbilder in digitalisierter Form enthält. Die Datenschutz-Anforderungen an eine solche Datenbank, ein Diagnostikportal, sind aufgrund der personenbezogenen Daten besonders hoch und das Management der Zugriffsrechte ist sicher zu regeln, und vom Patienten frei zu geben.

- Breitband in der Wohnungswirtschaft

In der Vergangenheit beschränkte sich das Engagement der Wohnungswirtschaft in der Telekommunikation typischerweise auf die Verkabelung innerhalb des Hauses. Da die Breitbandversorgung in Deutschland nicht zur Grundversorgung gehört, gibt es aber viele Regionen - insbesondere im ländlichen Raum, aber auch in Stadtrandlagen, in denen kein Breitband verfügbar ist. Für die bundesweit tätigen Netzbetreiber ist der flächendeckende Ausbau in der Regel nicht wirtschaftlich. Zumindest entsteht ein erheblicher Kapitalbedarf, um die erforderlichen Investitionen zu tätigen. Auch alternative, regionale Netzbetreiber sind nicht überall präsent. So bleibt manchmal nichts anderes übrig, als dass das Unternehmen der Wohnungswirtschaft selber die Initiative ergreifen und alleine oder in Kooperation mit Netzbetreibern die Breitbandanbindung ihrer Wohnungen sicherstellen.

Für eine solche Aufgabe empfiehlt sich ein Vorgehen, wie es auch für Kommunen gilt, die in Eigeninitiative die Breitbandversorgung für ihre Einwohner und die Unternehmen vor Ort verbessern wollen. Zunächst gilt es zu klären, wie eine Backbone-Anbindung realisiert werden kann. Oft sind Glasfaserstrecken anderer Anbieter (z.B. der Deutschen Telekom, von Arcor oder einem der Kabel-Netzbetreiber, aber auch von der Deutschen Bahn entlang der Gleise) verfügbar. Die Anmietung und Anbindung an bestehende Glasfaserstrecken ist in den meisten Fällen wirtschaftlicher als der Bau von neuen Strecken. Dies gilt insbesondere in überbauten Regionen. Alternativ können mithilfe von Richtfunk-Strecken Anbindungen geschaffen werden. Neben der Anbindung an ein Backbone-Netz ist beim Anschlussnetz erforderlich, das bis zum Hausabschluss reicht. Falls bereits ein Koaxial-Netz für die Fernsehauustrahlung vorhanden ist, kann dies unter Umständen aufgerüstet werden, um eine Rückkanalfähigkeit zu schaffen. Auch das Kupfer-Zweidraht-Kabel der Deutschen Telekom kann grundsätzlich genutzt werden. Allerdings ist hiermit nur in Ausnahmefällen (z.B. mithilfe von VDSL) die Übertragung von Fernsehsignalen möglich, die für die Wohnungswirtschaft in der Regel eine wesentliche Forderung darstellen.

Wenn die technischen Voraussetzungen für einen Netzauf- oder -ausbau geklärt sind, ist festzulegen, in welcher Wertschöpfungstiefe die Unternehmen tätig werden wollen. Grundsätzlich steht es allen Unternehmen frei, selber als Netz- und Dienste-Anbieter über alle Wertschöpfungs-Stufen hinweg tätig zu werden. Allerdings sind die typischerweise begrenzten potenziellen Teilnehmerzahlen hinderlich für einen effizienten Geschäftsbetrieb. Insbesondere für Kundenbetreuung und Billing sind Vorleistungen zu tätigen, die sich nur bei höheren Teilnehmerzahlen rechnen (selbst bei e Nutzung von ASP-Angeboten spezialisierter Dienstleister). Aus diesem Grunde ist für Unternehmen der Wohnungswirtschaft in den meisten Fällen eine Kooperation mit einem oder mehreren Netzbetreiber(n) sinnvoll, der die TK-typischen Aufgaben wahrnimmt. In der Kooperation kann der Wohnungswirtschafts-Betrieb beispielsweise die Backbone-Anbindung und die Anbindung der Haushalte mit passiven Netzelementen übernehmen. Der Netzbetreiber rüstet das Netz mit den aktiven Infrastruktur-Elementen (z.B. für die Übertragungs- und Vermittlungstechnik) aus und betreibt die Dienste-Plattformen mit den nachgelagerten Kundenbetreuungssystemen.

Durch Partnerschaften, die natürlich auch mehr als zwei Partner umfassen können, lässt sich die Breitbandanbindung realisieren und die Grundversorgung mit Breitband je nach eingesetzter Technik sichern. Dem Unternehmen der Wohnungswirtschaft obliegt es dann, Verträge mit den Mietern zu schließen, sofern dies nicht bereits im Rahmen der Mietverträge erfolgt ist. Neben der Realisierung von Telekommunikations-Basisdiensten kann die Breitband-Infrastruktur auch genutzt werden, um zusätzliche Dienstleistungen anzubieten (auf unentgeltlicher Basis oder gegen Verrechnung), die einen zusätzlichen Nutzen für die Wohnungswirtschaft und oder den Mieter schaffen. Der Nutzen kann sich sowohl in Richtung auf eine effizientere Organisation der Wohnanlagen erstrecken wie auch in einen höheren Mietwert. Beide Komponenten tragen zu einer Steigerung der Wettbewerbsfähigkeit im Vergleich zu anderen Wohnungen bei.

Für die Mehrwertdienste bieten sich verschiedene Anwendungsbereiche an. Zunächst kann das Energiemanagement im Sinne einer verbesserten und zeitnahen Ablesung von Zählerständen unterstützt werden, eine Mieter-individuelle Heizungssteuerung verbessert den Wohnkomfort. In den Gemeinflächen einer Wohnanlage lässt sich der Energie-Einsatz optimieren durch Messung und Steuerung in Verbindung mit Sensoren. Die dauerhafte Beleuchtung von Gemeinflächen ist in jeder Hinsicht unwirtschaftlich und kann durch eine Schaltung über Bewegungssensoren ersetzt werden. So lässt sich ohne Komfort- oder Sicherheitseinbussen Energie einsparen. Auch die Heizung lässt sich effizienter steuern, wenn aktuelle Ereignisse und Wetterbrends berücksichtigt finden. Die laufende Überwachung der einzelnen elektrischen Verbraucher erlaubt darüber hinaus, frühzeitig Fehlfunktionen zu erkennen und einen Austausch zu planen. Das Facility-Management kann auf diesem Wege effizienter und weil vorausschauend planend arbeiten.

Im Bereich der Sicherheit können sowohl Gemeinflächen (Keller, Tiefgaragen und Flure) mit Sensortechniken überwacht werden, aber auch individuelle Tür- und Fenstersicherungen können in die allgemeine Überwachung eingegliedert werden. Höhere Sicherheit ist eine zunehmende Forderung vieler Mieter und kann als Entscheidungskriterium bei der Wahl zwischen verschiedenen Wohnungsangeboten den Ausschlag geben.

- Breitband für seniorengerechtes Wohnen

Die Ausstattung der Wohnung mit Sensoren und Kommunikationseinrichtungen kann älteren Bewohnern eine seniorengerechte Ausstattung ihrer Wohnung geboten werden. Wenn es hiermit Senioren ermöglicht wird, länger in ihrer gewohnten Lebensumgebung zu bleiben, wird sich dies voraussichtlich positiv auf die Pflegekosten auswirken. Bei den Sensoren kommen verschiedene Einsatzfelder in Betracht. Neben der

XIV

Raumüberwachung können auch Notfallsensoren (z.B. Bewegungsmelder) integriert werden. Die Medikamenteneinnahme kann ebenso überwacht, wie individuelle Vitaldaten an ein ärztliches Betreuungszentrum übertragen werden. Die einzelnen Sensoren müssen natürlich vernetzt und mit einer entsprechenden Steuerung versehen werden. Dies setzt voraus, dass die Wohnungseigentümer in die entsprechende Infrastruktur, insbesondere auch in einen Breitbandzugang, investieren. In der Wohnung können die Sensoren und Bedienelemente entweder über Funklösungen untereinander verbunden oder z.B. unter Nutzung des Stromnetzes. Bei entsprechender Breitbandanbindung ist ergänzend Video-Telephonie möglich, um mit Angehörigen und Betreuern in Verbindung zu bleiben. Neben den zu erwartenden Kostenvorteilen für die Pflegeversicherung schafft ein solches Angebot eine bessere Auslastung für die Wohnungswirtschaft. Da auch die älteren Menschen in der Mehrzahl lieber in ihrer gewohnten Umgebung bleiben, bietet eine solche Systemlösung für alle Beteiligten Vorteile. Wenn auch die Kosten auf die beteiligten Parteien umgelegt werden, sollte eine breite Einführung möglich sein.

- Breitband im Verkehr

Im Verkehr kann der Verkehrsfluss in Zukunft nicht mehr durch den Bau neuer Straßen verbessert werden, sondern durch den Einsatz von intelligenten Lösungen zur frühzeitigen und großräumigen Erfassung der Verkehrslage, durch eine Verkehrsleitzentrale, die Informationen der verschiedenen Verkehrsträger zusammenfassen und aus den verschiedenen Informationen Schlussfolgerungen für die Verkehrsleitung ziehen, die dann wiederum über Wechselwegweiser, Navigationsgeräte oder Handys an den Verkehrsteilnehmer weitergegeben werden. So können frühzeitig Alternativen geprüft werden und der Verkehrsfluss unter Einbeziehung des öffentlichen Verkehrs leichter und flüssiger gestaltet werden.

Ergänzt wird das Verkehrsleitsystem durch eine Kommunikation zwischen den Fahrzeugen, den Fahrzeugen und der Straße und natürlich der intelligente Elemente der Straße mit einer Verkehrsleitzentrale. Möglich wird dies durch eine Entwicklung, die als Internet der Dinge bezeichnet wird. Die laufende Information von vielen Verkehrsteilnehmern verbessert Verkehrslage und die Prognose der weiteren Entwicklung.

Beim Einsatz von intelligenten Steuerungs-Systemen ist die Verzahnung der verschiedenen Verkehrsträger unerlässlich. Die Übergänge vom individual- zum öffentlichen Verkehr und zurück müssen so erleichtert werden, dass Hindernisse abgebaut werden. Hierzu ist erforderlich, dass dem Autofahrer Informationen übermittelt werden, wie lange die Fahrt vom Ausgangs- zum Ziel-Punkt mit den unterschiedlichen Verkehrsmitteln dauert, wo Übergänge sind und wo das Auto abgestellt werden kann, wann das nächste Verkehrsmittel hält und auch die Zahlung sollte unmittelbar mit dem Kommunikationsgerät möglich sein. Dies stellt hohe Anforderungen, die aber mittels Breitband und IT-Anwendungen lösbar sind.

- Breitband in der Verwaltung

Mit der Steuererklärung über das Elster-Programm kann bereits einjährlich wiederkehrender Vorgang weitgehend auf elektronischem Wege erledigt werden. Aber auch weitere Abläufe in der Verwaltung können durch Telekommunikationslösungen effizienter und für den Nutzer leichter erreichbar werden. Auf der Basis einer Prozessanalyse kann Abläufe digitalisiert und automatisiert werden. Durch die Vermeidung von Medienbrüchen im Ablauf z.B. zwischen Papier und elektronischen Daten können Prozesse transparenter und schneller werden. Dies schafft die Voraussetzung für einen Multikanalzugang für diejenigen, die etwas bei der Verwaltung zu erledigen haben. Fallweise können komplette Vorgänge Online erledigt werden. Viele Vorgänge kommen mit geringen Bandbreiten aus, aber für die Übertragung von vollständigen Bau-Plänen oder georeferenzierte Daten werden größere Bandbreiten benötigt.

Mit dem durch EU-Dienstleistungsrichtlinie geforderten einheitlichen Ansprechpartner für Unternehmen aus dem EU-Raum, die sich in Deutschland niederlassen wollen, wird ein weiterer Grad der Automatisierung erforderlich, der die Entwicklung von eGovernment-Lösungen vermutlich weiter beschleunigen wird. Auch die geplante Einführung des rechtssicheren Email-Verkehrs kann bei entsprechender Akzeptanz einen erheblichen Teil des Informations-Versands vom Brief auf den elektronischen Versand verlagert werden. Es bietet sich hier z.B. die Substitution der monatlich erstellten Gehaltsabrechnung für Angestellte an. Aber auch für Steuerbescheide und Kontoauszüge könnte eine Verlagerung auf den elektronischen Weg in Betracht kommen. Während auf diesem Wege erhebliche Mengen an Briefen eingespart werden und somit auch Kosten, gleichzeitig steigt der elektronische Datenstrom weiter an.

Fazit

Telekommunikations- und Breitband-Anwendungen sind weder Ursache noch Antwort auf die Megatrends. Allerdings können solche Lösungen helfen, Chancen durch die Megatrends zu nutzen und Risiken zu begrenzen. Mit ziemlicher Sicherheit wird die Telekommunikation auch in den nächsten Jahrzehnten eine zentrale Rolle bei der Entwicklung im geschäftlichen wie privaten Bereich einnehmen. Nicht nur als Technologie, die einen unmittelbaren Nutzen für den Anwender bringt, sondern auch als Unterstützungs-Technologie, die andere Anwendungen unterstützt oder erst möglich macht, wird die Telekommunikation weiter wirken. Schließlich besteht die Branche aus Unternehmen, die etliche Tausend Arbeitsplätze in Deutschland sichern und einen erheblichen Unternehmenswert schaffen.

Bei Fragen zu diesem Thema wenden Sie sich bitte an:

- Dr. rer. nat. Jürgen Kaack, STZ-Consulting Group

XV

Kellner, B. (2012):

Kommunikation heute: B2P statt B2B und B2C – Interview mit Bernhard Kellner, Langenscheidt

1) Herr Kellner, Sie beschreiben die Kommunikation von heute als „B2P statt B2B und B2C" – was heißt das?

Ich bin vor etwa zwei Jahren erstmals über den Begriff "B2P – Business to People" gestolpert. Die Verwendung dieser Begrifflichkeit bringt in meinen Augen auf den Punkt, wie sich das Kommunikationsmanagment in den letzten Jahren verändert hat: Wir teilen unsere Botschaften nicht einzelnen, losgelösten Teilöffentlichkeiten mit, die entweder Endkunde, Geschäftskunde oder Journalist sind. Wir kommunizieren mit Menschen. Heute haben sich diese Grenzen aufgelöst – was Risiko und Chance zugleich ist. Durch die Vielfalt der Kommunikationswege wird beispielsweise der Kunde zum Publizisten – das bekannteste Beispiel sind sicher Amazon-Rezensionen – oder gar Themengeber für Journalisten. Und er erwartet Antworten. Wir leben mehr denn je im Zeitalter des Dialogs und das ist die Herausforderung.

2) Was bedeuten all die Veränderungen durch Social Media und „always on" für die klassische Pressearbeit?

Zunehmende Komplexität des Kommunikationsmanagements erfordert höhere fachliche Professionalität der Akteure. Social Media bedeutet zwar einerseits höhere Geschwindigkeit in der täglichen Arbeit und zusätzliche Informationskanäle, es bedeutet aber andererseits nicht, ziel- und planlos alle Social Networks zu bespielen. Mit einer Schrotflinte trifft man selten gut. Im Rahmen des Seminars "PR- und Communications-Manager" liegt ein Schwerpunkt darin, themenspezifisch relevante Zielgruppen und passende PR-Instrumente zu identifizieren. Letztlich schont eine strategische Arbeitsweise auch entscheidend Ressourcen.

3) Wo erreichen Sie heute die Journalisten? Hat sich diesbezüglich was verändert? Was?

Wie gesagt, das "PR-Handwerk" hat sich durch unsere medialen Möglichkeiten stark verändert. Wir können schnell eine Vielzahl an Informationen an eine mindestens ebenso große Menge an Menschen verbreiten. Wir müssen aber umso genauer dem Dialog zuhören, der in der medialen Welt um uns herum stattfindet. Die Steuerung der Kommunikation hat durch ihre Geschwindigkeit und ihre vielfältigen Wege an Komplexität gewonnen. Die persönliche Kontaktpflege und das Vertrauen von Journalisten in die Arbeit des PR-Verantwortlichen werden aber weiter eine zentrale Bedeutung haben.

XVI

4) Was hat sich an der Verteilerarbeit verändert?

Ein gut gepflegter Verteiler ist unerlässlich. Auch hier haben wir heute
komfortable Werkzeuge an der Hand. Blogger und viele andere Aktive
im Netz gehören heute neben Journalisten zu den Kontakten einer PR
-Abteilung. Die größte Herausforderung dabei ist aber immer die
Spreu vom Weizen zu trennen.

5) Ist Event-PR heute wichtiger als früher?

Ich denke, dass relevante Event-PR wichtiger denn je ist. Aber: Eine
Veranstaltung durchzuführen, damit der Autor oder der
Geschäftsführer zufrieden ist, sollte nicht der Maßstab sein. Die
zentrale Frage muss also immer lauten: Kann ich durch den PR-Event
das Buch oder das Produkt erlebbarer machen, bringt es dem
Journalisten einen Zusatznutzen, wenn er die Zeit aufbringt, zu
kommen?
Sind diese Kriterien erfüllt, ist die Chance groß, in der Flut der
Neuerscheinungen oder Themen wahrgenommen zu werden.

Bernhard Kellner, Leiter Unternehmenskommunikation und
Markenführung, Langenscheidt, ist Seminarleiter des
Zertifikatskurses PR- und Communications-Manager und des
Seminars PR-Konzeption

XVII

Koehn, S. (2012):

Die Google-SEO-Agenda
Welche SEO-Trends gibt es 2012?

6. März 2012, von Stefan Koehn | 8 Kommentare

♻ Gefällt mir   🄵 62 Personen gefällt das. Sign Up, um sehen zu können, was deinen Freunden gefällt.   11   9   4   41

🄡 -1   🅘🄽 Share   XING 💥   🐦 Tweet

Nichts hat in der Suchmaschinenoptimierung mehr Konstanz als die stetige Veränderung des Google-Suchalgorithmus. Das Jahr 2011 hat mit einer nie dagewesenen Frequenz an Änderungen gezeigt, dass sich Google in einem stetigen Wandel befindet – getreu dem Credo, dass beste Suchergebnis für den Nutzer zu finden. Aufgrund den stetigen Updates der Google-Suchalgorithmen ist es für Unternehmen, die sich nur am Rande mit SEO beschäftigen, teilweise schwer eine Strategie für 2012 festzulegen. Stefan Köhn, Head of SEO bei Mister Spex, verrät worauf er achtet und welche Schwerpunkte in der Suchmaschinenoptimierung 2012 relevant sind.

Googles Vorherrschaft auf dem Suchmaschinenmarkt bleibt

2011 hat sich Google-Suchalgorithmus maßgeblich verändert. Stellvertretend dafür steht das maßgebende Panda Update. Mit diesem hat Google in 2011 ein deutliches Zeichen gesetzt und aufgezeigt wohin die Reise im SEO gehen soll. Kaum jemand hat Anfang 2011 mit einem solch einschneidenden Update gerechnet und so war der Effekt auf die Suchergebnisse enorm. Bei sechs bis neun Prozent aller Suchanfragen in Deutschland wurden die Suchergebnisse durch Panda verändert. Doch was kommt 2012?

Google wird auch in diesem Jahr Marktführer der Internet-Suchmaschinen bleiben. Die Bemühungen von Bing und anderer Suchmaschinen einen Teil der Nutzer zu gewinnen, waren wenig erfolgreich. Durch neue Innovationen wird Google seinen Marktanteil in 2012 sogar noch steigern können. Einen wichtigen strategischen Anteil wird dabei das soziale Netzwerk Google+ einnehmen. Das Internet und wie wir es nutzen, befindet sich durch Social-Media in einem Wandel. Das haben auch die Verantwortlichen bei Google erkannt.

Google+ wird immer wichtiger

Den Erfolg von Facebook und die Bereitschaft der Nutzer persönliche Daten preis zu geben will auch Google für sich nutzen und entwickelte 2011 ein eigenes Social Network. Die Herausforderungen für 2012 bestehen darin, Facebook-Marktanteile streitig zu machen und die Geisterstadt Google+ mit Leben zu füllen. Die Integration von Google+ Inhalten in die Suchergebnisse, die unter dem Namen "Google Search plus Your World" im Januar stattgefunden hat ist ein erster Schritt von Google, weitere Nutzer für das Netzwerk zu gewinnen.

XVIII

Auch andere Google Dienste werden in diesem Jahr auf der Google-Agenda stehen. Vergleicht man beispielsweise Googles Shoppingsuche in den USA mit der deutschen Version, ist abzusehen, dass wahrscheinlich auch in Deutschland ein größerer Fokus auf den Bereich Shopping gelegt wird. Für Shopbetreiber bedeutet das, sich wesentlich intensiver mit der Produktsuche auseinander zu setzen, die hinterlegten Feeds zu optimieren und so einen Vorsprung zur Konkurrenz zu gewinnen.

Social Media als neuer Rankingfaktor?

Facebook Shares, Retweets und Likes werden voraussichtlich auch 2012 keinen großen Einfluss auf das Ranking haben. Zwar stellen diese Faktoren schöne, demokratische und in der Kombination mit externen Links schwerer zu manipulierende Signale für die Bewertung von Inhalten dar, sie können aber allein aus zwei Gründen derzeit nur bedingt als Rankingfaktor heran gezogen werden.

Nicht alle Themen beziehungsweise Interessensbereiche werden im Social-Media-Bereich gleichermaßen stark kommuniziert. Eher selten wird man sein Fußpilzmittel auf Facebook sharen oder einen guten Kreditanbieter teilen. Unternehmen im Bereich Medizin und Finanzen würden somit weniger von einem solchen Rankingfaktor profitieren als andere. Zum anderen hat Google in der Vergangenheit nie auf externe Dienste zurück gegriffen. Unternehmen mit Perspektive wurden entweder gekauft oder kopiert. Auf Facebook oder Twitter einen Suchalgorithmus aufzubauen wäre im Fall eines Ausfalls des Dienstes zu gefährlich und würde Google zu sehr in eine Abhängigkeit drängen.

Damit steht und fällt Social als Rankingfaktor mit dem Erfolg von Google+. Als Unternehmen sollte man sich jedoch jetzt schon mit dem Thema beschäftigen. Nicht nur, weil sich Social Media mittlerweile als ernstzunehmender Marketingkanal etabliert hat, auch um für den Zeitpunkt gerüstet zu sein, an dem Social im SEO den Durchbruch schafft.

Natürliche Linkfaktoren werden stärker gewertet

Links sind und werden wohl auch zukünftig ein wichtiger Rankingfaktor für Google sein. Sie stellen jedoch auch ein großes Manipulationsrisiko dar. Schon seit langem kämpft Google mit immer ausgefeilteren Algorithmen gegen den Linkspam. Auch in diesem Jahr wird Google wieder stärker gegen die Beeinflussung des Rankings mittels gekaufter und unnatürlich erzeugter Links vorgehen.

Es wird immer wichtiger ein natürliches Linkbild zu kreieren, Links in ein themenrelevantes Umfeld zu platzieren und auf die Qualität der verlinkenden Seiten zu achten.

Rankingfaktor Userverhalten

Das Thema Userverhalten wurde gerade auch durch das Panda Update im letzten Jahr wieder wesentlich stärker in den Fokus der SEOs gerückt und scheint auch für dieses Jahr ein großes Thema zu werden. Faktoren wir die CTR, die sogenannte SERP-Returnrate oder die Verweildauer auf der Seite können von Google mittlerweile relativ valide ausgewertet werden und spielen wohl gerade beim Kampf um die Plätze eins bis drei eine immer größere Rolle.

Webseiten, die ihren Fokus eher in der massiven Monetarisierung der Inhalte durch Affiliateprogramme setzen und wenig Mehrwert für den Nutzer darstellen, werden in diesem Jahr ernsthafte Rankingprobleme erwarten können. Generell gilt hier das Kredo, das auch schon vor Jahren galt: "Schaff gute Inhalte für Deine Nutzer und Du wirst gute Rankings erhalten." Wer weiterhin auf automatisierte Texte und minderwertigen Content baut, wird es auch in Zukunft nicht weit im SEO bringen.

Fazit: Google wird auch 2012 den Algorithmus ändern

Google wird auch im Jahr 2012 wieder mit größeren Änderungen im Algorithmus aufwarten. Generell wird sich jedoch an der Arbeit eines SEOs nicht viel verändern. Wer in der Vergangenheit auf nachhaltiges SEO gesetzt hat, wird auch in diesem Jahr gute Rankings erwarten können. Was sich jedoch zeigt, ist, dass SEO immer stärker auch in andere Unternehmensgebiete einfließt. SEO ist nicht mehr nur ein rein technischer Marketingkanal. Ein guter SEO sollte in 2012 auch vermehrt ein Auge auf die Conversionrate, die Presse- und Contentarbeit oder die Social Aktivitäten haben. Basics wie Linkbuilding oder eine gute Onpage Strategie, werden jedoch weiterhin einen großen Teil der Arbeit ausmachen und sind noch immer die größten Rankingtreiber.

★★★★★

XIX

Politt, C. (2011):

Brand&Capture

Current Articles | RSS Feed

The Future of Inbound Marketing - Virtual Reality with Xbox 360?

Posted by Chad Pollitt on Mon, Jun 06, 2011 @ 07:15 AM

A few weeks ago I was lucky enough to participate and attend the South Florida Internet Marketing Association's (*SFIMA*) Annual Summit in Fort Lauderdale. There were several great presentations, but the one that stood out the most in my  opinion was the presentation by *Microsoft's Glen Leeder* discussing the Xbox 360 and Kinect. I didn't favor the presentation because I'm a gamer or rabid Xbox fan. Far from it in fact. I liked it so much because it made me rethink the possibilities for the future of *inbound marketing*.

Before I layout what Glen shared on the Xbox 360 and how it might be a glimpse into the future of inbound marketing let me first share with you some of my preconceived thoughts on the future and how Glen was able to make me reconsider what it might look like.

Thoughts before the Xbox presentation

Over the last five to six years there has been massive digital infrastructure changes and new technology milestones achieved. Some of these include:

- Digital TV Transition

- Growth of US Fiber Optic Network

- Verizon Fios (Fiber to the Home)

- The "Incredibly Shrinking" Computer

- The Bundling of Cable, Phone and Internet Services

- 3G/4G Wireless Networks

- HD Radio

Above are just a few of many examples. Each one individually might not seem like a big deal. However, with the right infrastructure in place what is to prevent the TV, radio, phone and the Internet from becoming one and the same. It will probably all come through the same "pipe" and be accessible from one device. The trends are pointing to smart phones being that device in the future. So, if the above becomes fact (it's pretty close now) how will it affect the future of inbound marketing?

XX

The changes are happening before our very eyes. Some of the cross pollination of marketing campaigns between mobile, web, text messaging, social media, search and even some outbound techniques are amazing. For inbound marketers this is a dream come true because with the Internet powering most of the marketing techniques above access to robust marketing analytics has never been easier. Platforms like HubSpot's Inbound Marketing Software signal the potential power of complete platform integration in the future.

Introducing Marketing with the Xbox 360, Xbox Live and Kinect

It's not that the Xbox presentation made me eliminate the above from my thoughts on the future, but rather it added a new platform, made me reconsider the role of entertainment in marketing, and introduced me to a powerful new way to interact with people and brands using virtual technology - the Kinect. Before I go into the details however, let me explain what the Xbox 360 and it's peripherals are and do.

- Xbox 360 - A video game console manufactured by Microsoft

- Xbox Live - An online service that allows owners of the gaming console to connect to other people for gaming and social interaction, get real time updates, download movies, watch live TV, access the Internet and social media, and interact with brands.

- Kinect - Is a controller-free gaming and entertainment experience for the video game platform. It's based around a webcam-style add-on peripheral for the system. It enables users to control and interact with the system without the need to touch a game controller, through a natural user interface using gestures and spoken commands.

With the Xbox 360 system and the above mentioned peripherals users can access Facebook and Twitter, Hulu, TV channels, last.fm, games, video chat and lots of other websites and services. When juxtaposed against a standard television experience Glen said, "Traditional TV is a lean back and watch versus the Xbox which is lean forward and engage." Glen also described the Xbox as "The Great Media Transformation: TV, Gaming, Mobile, Social and Web."

Marketing with the Xbox 360

This sounds like "the one" device which I described above in my preconceived thoughts on the future of inbound marketing and could represent the true integration of all media. What makes this different from a PC or Mac experience? The answer is one word - Kinect. With the Kinect people's real bodies can be scanned and placed in a *virtual reality scenario* with their friends or brands half way around the world. Want to play poker with your old college buddies and have a real conversation via voice recognition? How would you like to allow users to visit your virtual showroom and interact with your products? What if you could interact with people on Facebook via virtual reality?

These are very intriguing possibilities and some of them exist for advertisers and marketers today. The point is that the surface has barely been scratch on the role of virtual reality in inbound marketing's future and I can't wait to see exactly what it will look like. Below are a few of the marketing opportunities available on the Xbox today:

XXI

- Day Parting - Inserting a brand into a relevant virtual chat for virtual interaction

- Virtual Demos

- Mobile convergence via Xbox QR codes and apps

- Metrics are available for advertisers

- Microsites hosted on the Xbox platform

- Standard banner ads

- Custom campaigns - Porsche created a social racing experience that could be accessed and downloaded onto the console

- Ads and campaigns use a CPM (cost per thousand impressions) model

What's right around the corner for the XBox 360?

Your avatar connecting virtually on screen with others in meetings, camp fires, book clubs, singing together, etc. - all while you are each sitting in your own living room talking through voice recognition. The speech recognition technology will allow for programs that will help you learn a language by speaking out loud and learn French while your virtual avatar is walking through the streets of Paris greeting people in French. If you mispronounce a word your virtual tutor will help you out. You could sit down in the bistro and order your meal, etc. Also possible with this technology: reality shows, game shows, and many other virtual experiences.

Conclusions

I'm not convinced that the Xbox represents the future of media distribution and social interaction. The truth is the *demographic appeal for advertisers* is relatively narrow and there's only 55 million consoles in homes today. However, this doesn't mean that this won't change in the future. I am convinced though that the voice recognition and virtual reality technology used by the system will play a key role in the future of inbound marketing, social media and brand interaction. In the mean time, we'll have to wait and see what the future has in store for inbound marketing. For more information on marketing via the Microsoft Xbox 360 I'll use the words of Microsoft's Glen Leeder, "Bing it."

Tags: *inbound marketing*, *social media*, *chad pollitt*, *virtual reality*, *xbox*, *kinect*

Comments

There are no comments on this article.

XXII

Schindler, M. (2012):

European Communications Monitor: europäische PR-Trendstudie für 2011

Jul 6th, 2011 | By Marie-Christine Schindler | Category: Studien

In diesen Tagen ist der diesjährige European Communications Monitor ECM 2011 erschienen. Bereits seit 2007 wird diese Trendstudie jährlich erhoben: sie zeigt, wie sich die Rahmenbedingungen der PR, aber auch die Kommunikation selbst in Europa verändern. An der diesjährigen Umfrage haben im März 2'209 Berufsleute,vorwiegend aus dem Senior-Bereich, aus 42 europäischen Ländern teilgenommen. Durchgeführt wurde sie unter der Leitung von Prof. Ansgar Zerfass von der Universität Leipzig in Partnerschaft mit 11 renommierten Universitäten in ganz Europa. Die Studie bestätigt, dass die PR ihre Funktionen ausbaut, so zeichnen die meisten Professionals für eine immer breitere Aufgaben-Palette verantwortlich. Kommunikations-Verantwortliche rücken näher an die Unternehmensleitung und haben weitgehend direkten Zugang zur Chefetage – eine überfällige Entwicklung, welche die wachsende Bedeutung der Kommunikation unterstreicht. Zuoberst auf der Prioritätenliste stehen die Entwicklung der Social Media Skills und weiterhin die Unterstützung der Unternehmensziele.

Grösseres Gewicht und breitere Abstützung der PR

Acht von zehn Organisationen sind der Meinung, dass sich die Tätigkeit der PR inzwischen nicht mehr allein auf Publizität und Medienarbeit beschränkt. Abgedeckt wird über die Medien hinaus eine Vielzahl von Stakeholders: Konsumenten, Mitarbeiter, Investoren und/oder Politiker. Dass dies ein neuer Befund sein soll, überrascht mich, denn bereits zur Zeit meiner Ausbildung zur PR-Beraterin beim Schweizerischen Public Relations Institut SPRI hat das Curriculum diese Breite abgedeckt. Eine gute Abstützung im Management und ein breiter Zuständigkeitsbereich des PR-Verantwortlichen wirken sich positiv auf die Resultate aus. Drei Viertel der Befragten haben direkten Zugang zum Management oder sind Teil davon (17,8%), dadurch sind sie nicht nur operativ, sondern zunehmend auch strategisch aktiv. Bei der Zugehörigkeit zum Management gibt es regionale Schwankungen. In Nordeuropa sind es immerhin 23,9%, den tiefsten Wert erreicht Westeuropa mit 11,2%. Interessant ist zu beobachten, dass in Deutschland kaum 5% im Management (Schweiz ca. 18%) sitzen – einen gleich tiefen Wert erreicht nur noch Frankreich – dafür rapportieren fast 90% an den CEO (Schweiz ca. 73%).

Public Relations in einer Identitätskrise

In vielen europäischen Ländern hat der Begriff Public Relations eine negative Konnotation und 42% der Befragten (Schweiz 36%, Deutschland 45%) orten den Grund in der negativen Berichterstattung in den Medien. Sie würde die Bezeichnung gerne ablösen durch Corporate Communication (68%), Strategic Communication (61%) oder Communication Management (56%).

Wenn das Imageproblem Auslöser für den Wechsel Bezeichnung ist, kann ich diesem Ansinnen wenig abgewinnen. Ich stimme Sascha Stoltenow zu, der bei Fink&Fuchs im Kommentar sagt: „PR tragen als einzige Kommunikationsdisziplin das angestrebte Ergebnis ihres Wirkens im Namen. Pressesprecher, Werber, Journalisten und auch Social Media-Experten sprechen über sich selbst oder die Technik, die sie einsetzen. Public Relations sprechen über das Ziel ihrer Arbeit – die öffentlichen Beziehungen von Menschen und Institutionen." Vertrauen und Respekt erreicht der Berufsstand nicht durch den Wechsel des Labels (so würden wir auch nicht unsere Kunden beraten), sondern durch eine klare Profilierung. Die Transparenz und Chance zum Dialog, welche das Social Web mit sich bringt, ist die Gelegenheit für die PR, sich im vormedialen Raum zu profilieren und einen Gegenpol zur Berichterstattung in den Massenmedien zu schaffen. Die Initiative ergreift Prof. Thomas Pleil mit seinen Studenten an der Hochschule Darmstadt mit den PRraktikern, aktiv sind aber auch die PR-Studierenden in Hannover.

Corporate Communications kommt für mich im Übrigen nur dann als Begriff in Frage, wenn es darum geht, den Willen zur integrierten Kommunikation zu bestärken.

Online-PR: Social Media spielt (noch) eine Nebenrolle

Mit der digitalen Evolution Schritt zu halten ist das Hauptanliegen von 55% der Befragten. Und es ist wird erwartet, dass Online Kanäle in naher Zukunft eine führende Rolle im Media Mix einnehmen werden. Social Media ist jedoch nur Teil davon und dass die Akzeptanz noch wachsen muss, zeigen diese Zahlen: Waren im Jahr 2007 noch 11,5% der Meinung, dass Social Media wichtig ist, sprechen sich 2011 bereits 40,5% in diese Richtung aus. Immerhin sechs von zehn Profis glauben nicht an den Nutzen von Social Media, wohl aber an kontrollierte Online-Aktivitäten wie Websites, E-Mail und Online-Medienarbeit.

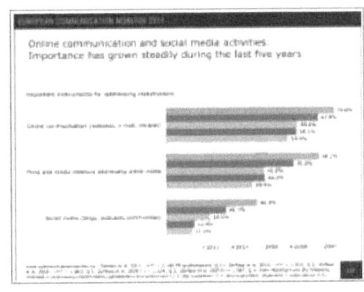

XXIII

Schritt halten ist das Motto und Handlungsbedarf gibt es insbesondere beim Online-**Monitoring** – nur gerade jede dritte Organisation hat das „strukturierte Zuhören" institutionalisiert. Das ist zwar ein klarer Fortschritt gegenüber dem Vorjahr (25,9%), dennoch finde ich diesen Wert ist erschreckend tief, wenn man bedenkt, wie schnell sich Meldungen und Meinungen online verbreiten. Für Unternehmen ist es vital zu erfassen in welchem stimmungsmässigen Klima sie kommunizieren und welche Issues diskutiert werden. Immerhin geben vier von zehn Berufsleuten aus der Kommunikation an, dass in ihrer Organisation **Social Media Guidelines** erarbeitet wurden (Vorjahr 31,8%) – wie weit diese auch wirklich implementiert sind, lässt die Studie

Online Communications und Social Media: Entwicklung von 2007 bis 2011

offen. Mit der **Definition von ROI** („ratio of he financial profit resulting from an activity against ist acutual cost") sind 52,8% der Befragten einverstanden, die übrigen waren der Meinung, dass mit dem ROI auch die Erreichung der Kommunikationsziele und nicht monetäre Werte der Kommunikation ausgedrückt werden können. Wie sich PR messen lassen, und was im ROI ausgedrückt werden kann, dürfte noch zu einigen Debatten führen: Die **Frage der Messbarkeit ist wohl so alt**, wie der Beruf selber und bis heute nicht befriedigend gelöst.

Der Blick nach vorne: Disziplinen 2014

Welches sind die in drei Jahren, also im Jahr 2014, die **wichtigsten Disziplinen** im Kommunikationsmanagement? **Corporate Communications** mit ihrem Blick auf die gesamte Organisation behält ihre führende Rolle. **Marketing/Consumer Relations** und **interne Kommunikation/Change Management** werden nach Meinung der Befragten in drei Jahren im Kommunikationsmix gleichbedeutend sein. Krisenkommunikation fällt vom dritten auf den fünften Platz zurück und **Corporate Social Responsibility** und **Nachhaltigkeit** legen weiter zu. Ein überdurchschnittliches Wachstum wird für die **internationale Kommunikation** und das **Personal Coaching** prognostiziert.

Wachstum von Online bisher überschätzt

Im Kommunikationsmix werden die **Online Kommunikation** (Websites, E-Mail, Intranet), **Medienarbeit mit Online-Medien** und **Social Media** Channels das Zepter übernehmen. Face-to-Face-Kommunikation bleibt wichtig, die **klassische Medienarbeit** wird jedoch bis 2014 klar weniger relevant sein, knapp 65% betrachten sie dannzumal noch als wichtig. Der Langzeitvergleich hat gezeigt, dass die Resultate einen Trend zeigen, das Wachstum jedoch meist stark überschätzt wird. Zu defensiv eingeschätzt wurde die Online-Medienarbeit, das Resultat überstieg die Werte der Umfrage um +6,4%. Klar nicht erreicht wurden die Erwartungen bei Online Communication (-16,9%), Social Media (-18,6%) aber auch bei den Events (-10,3%) und Corporate Publishing (-14,9%). Gerade bei den beiden erst genannten dürfte der Grund darin liegen, dass sich die Technologien zwar rasant verändern, nicht aber der Menschen und ihr Verhalten.

Social Media: Online-Communities, Videos und Blogs trumpfen

Wo sehen jene 40,5%, die Social Media für die Kommunikation als wichtig einstufen, das Hauptgewicht? Jeder Zweite setzt auf **Online Communities** (Vorjahr 44,6%), kaum verändert haben sich die **Online-Videos** (Bewegtbild) mit 39,5% (Vorjahr 38,4%) und jeder dritte setzt auf **Blogs**, sei es auf Weblogs mit 28,3% (Vorjahr 30,9%) oder auf Microblogs wie Twitter mit 32,5% (Vorjahr 26,3%). Neu abgefragt wurden Social Bookmarks (16,5%) und Slidesharing (21,5%). Ins Hintertreffen geraten sind Wikis und Podcasts und auch virtuelle Welten mögen sich kaum Anhänger zu sichern. Die Grafik rechts zeigt, dass allen Disziplinen innerhalb eines Jahre ein **massives Wachstum** vorausgesagt wird. Baut man auf den bereits erwähnten Langzeitvergleich, dann sind diese Zahlen mit Vorsicht zu geniessen und eher als **Trend** einzuschätzen.

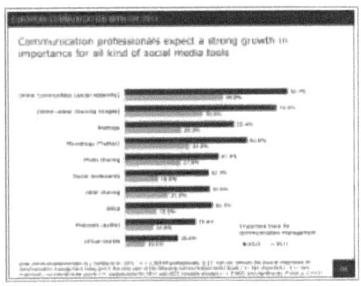

Die Zunahme der Bedeutung von Social Media Tools bis 2012

XXIV

Und wie sieht es mit dem **Learning by doing** aus? Nur noch jeder fünfte Befragte ist wenig aktiv; immerhin 56,1% nutzen Social Media täglich, 25,6% mehrmals pro Woche privat. Diese Erfahrungen werden den Unternehmen in Zukunft zu Gute kommen. So breit wie das Aufgabengebiet ist, so vielfältig werden auch die Anforderungen an PR-Profis definiert. Hier tut sich eine **Lücke** auf, die nur teilweise mit **Weiterbildung** gefüllt werden kann. Die schnelle Entwicklung, insbesondere von Social Media, bringt es mit sich, dass Unternehmen für Spezialaufgaben künftig auf die Erfahrung von **Agenturen** zurückgreifen werden.

Der Link zu Umfrage zum Download als pdf.

👍 Gefällt mir   🔲 18 Personen gefällt das. Sign Up, um sehen zu können, was deinen Freunden gefällt.

🐦 **Twittern** 30   +1 +4 Auf Google empfehlen

🐦 **@moschindler folgen** 4.044 Follower

Tags: Europa, Monitoring, PR 2.0, ROI, Schweiz, Social Media Guidelines, Trend, Umfrage

2 COMMENTS TO "EUROPEAN COMMUNICATIONS MONITOR: EUROPÄISCHE PR-TRENDSTUDIE FÜR 2011"

XXV

Sonntag, C. (2012):

Hochschule Niederrhein
University of Applied Sciences

Home Hochschule Services Forschung Fachb

08.03.2012

„Die Milch läuft morgen ab": Studierende entwickeln
intelligenten Kühlschrank

Krefeld, 8. März. Jeder kennt die Situation: Man steht vor dem Regal im Supermarkt und
weiß nicht, ob die Milch im Kühlschrank noch haltbar ist oder die Butter zu Hause noch ein
paar Tage reicht. Masterstudierende des Fachbereichs Elektrotechnik und Informatik der
Hochschule Niederrhein haben einen intelligenten Kühlschrank entwickelt, der dem
ratlosen Supermarktbesucher die benötigten Informationen auf seinem Handy anzeigt.
Dann poppt ein Fenster auf und meldet: „205 g Butter. Milch läuft morgen ab." Der Blick
aufs Handy bringt die gewünschten Informationen: Butter ist noch da, Milch muss gekauft
werden.

„Wir betrachten das von den Studierende entwickelte System als eine solide Basis für
technische Weiterentwicklungen", sagt Prof. Dr. Gudrun Stockmanns, die das
Studierendenprojekt betreut hat. Die Professorin für praktische Informatik leitet am
Forschungsinstitut iPattern den Bereich „Ambient Assisted Living". An dem Institut werden
unaufdringliche und hilfreiche Assistenzsysteme entwickelt. Der intelligente Kühlschrank,
von den Studierenden „ZenFridge" getauft, ist ein Baustein dazu.

Er funktioniert über zwei eingebaute Waagen, die als Ablagefläche dienen, und einen
Barcode-Scanner, der die Produkte beim Hineinlegen in den Kühlschrank einliest. „Anhand
des Barcodes erkennt die Software das Produkt", erklärt Informatik-Student Simon Wolters,
der den Kühlschrank mit seinen Kommilitonen Hendrik Tervooren, Stephan Sohn und
Philipp Roski entwickelt hat. Wird ein entnommenes Produkt zurück in den Kühlschrank
gelegt, muss es zuerst vor den Barcode-Scanner gehalten werden. Kommt es
anschließend auf die Waage, erkennt die Software das Gewicht des Produkts - und
speichert das neue Gewicht für das Produkt ab. Die Information ist dann auch vom Handy
aus abrufbar.

Das Konzept eines intelligenten Kühlschranks ist nicht neu. Besonders beim ZenFridge ist,
dass grundsätzlich jede Ware mit EAN-Code erkannt wird. Weiter kann durch die
Verwendung der vier Wägezellen die Handhabung vereinfacht werden. ZenFridge wird jetzt
im Labor des Forschungsinstituts iPattern verbleiben, um weitere Forschungen zu
ermöglichen. Der nächste Entwicklungsschritt ist dann, die Gewichtsmessung auch für eine
Standortbestimmung der Lebensmittel im Kühlschrank zu nutzen. Weitere Ideen bestehen
darin, das ZenFridge-Konzept auf die gesamte Vorratshaltung zu übertragen, sodass ein
gezieltes Einkaufen über die ZenFridge-Software gesteuert werden kann.

Dazu kann die Kühlschrank-Software Lieblingsrezepte auswerten und daraus
Einkaufslisten für die noch fehlenden Zutaten zu erstellen. Auch könnten die Daten über
die Zutaten im Kühlschrank über einen längeren Zeitraum ausgewertet werden, so dass
der Nutzer den Verbrauch bestimmter Produkte nachverfolgen kann. Der Kühlschrank wird
damit zum Ernährungsassistenten für den Menschen. Vieles ist denkbar, sicher ist aber:
Bis zum Produkt ist es für ZenFridge noch ein weiter Weg.

Pressekontakt: Dr. Christian Sonntag, Referat für Presse- und Öffentlichkeitsarbeit der
Hochschule Niederrhein; Tel.: 02151 822 3610; E-Mail: christian.sonntag@hs-
niederrhein.de

Stolz präsentieren Sie ihren intelligenten Kühlschrank
(von links): die Studenten Philipp Roski, Stephan Sohn,
Hendrik Tervooren und Simon Wolters.

familiengerechte hochschule

o.V. (2012):

Startseite > CeBIT News > Top-Themen CeBIT 2012 > Mobile und drahtlose Kommunikation

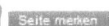
Seite merken

Mobile und drahtlose Kommunikation
Highspeed-Internet für unterwegs

Die Anforderungen an mobile Endgeräte steigen mit den wachsenden Datenmengen und veränderten Nutzungsformen, die gerade im Unternehmensbereich zu einer Reihe von Neuentwicklungen geführt haben. Das mobile Internet wird in diesem Jahr vor Allem schneller, sicherer und intelligenter.

Bei der drahtlosen Kommunikation mittels mobiler Endgeräte ist eine schnelle Internetverbindung nicht nur wünschenswert, sondern zunehmend unentbehrlich, da Unternehmen einen Teil ihrer geschäftlichen Aktivitäten inzwischen über das Smartphone oder Tablet abwickeln. Bei der Firmenkommunikation kommt es daher nicht nur darauf an, dass die Datenübertragung vor schädlichen Übergriffen durch › Malware geschützt ist, sondern in besonderem Maße auch auf die Geschwindigkeit, mit der Informationen ausgetauscht werden können.

Highspeed-Verbindungen, die Technologien wie HSDPA und › LTE nutzen, ermöglichen einen Datenaustausch in Sekundenschnelle und dank einer rasanten Verbreitung von Breitbandlösungen auch außerhalb der Ballungsräume kann der Arbeitsplatz heute problemlos auf nahezu jeden beliebigen Standpunkt ausgeweitet werden. In Deutschland werden optimierte Datenübertragungsraten, die DSL-ähnliche Geschwindigkeiten für das mobile Internet erreichen, bisher von den Netzbetreibern Vodafone, E-Plus, Telekom und O² angeboten.

Auf der diesjährigen CeBIT erwartet die Besucher im Bereich › Mobility eine spannende Neuheit: Das erste für den deutschen Markt angekündigte LTE-Smartphone wird vorgestellt, mit dem Vodafone neue Maßstäbe für die Smartphone-Generation des Jahrgangs 2012 setzt. Das HTC Velocity 4G nutzt die neueste Technologie des Highspeed-Internet und reagiert somit auf den aktuellen Trend, auch unterwegs große Datenmengen in Höchstgeschwindigkeit versenden und empfangen zu können.

Ein weiteres wichtiges Thema bei der mobilen und drahtlosen Kommunikation sind › intelligente Technologien, die dank konvergenter Dienste und Netze, sowie Unified Communications-Lösungen die verschiedenen Endgeräte miteinander vernetzen und mittels M2M untereinander agieren lassen. Darüber hinaus stellen Location Based Services beispielsweise Informationen je nach Position des Nutzers bereit und Telematik-B2B-Lösungen wie das digitale Flottenmanagement ermöglichen die Optimierung und Kontrolle der Fahrtrouten per GPS.

Weitere Links
› CeBIT gov: Mobilität und Logistik
› CeBIT life: Lifestyle Electronics - Mobile, Smart Devices, Tablets, eReader
› CeBIT pro: ICT Infrastructure - Mobile phone accessories
› CeBIT lab: Urban Visions – Mobility

Empfehlen · Tweet · +1 · ⚙

.